KB264377

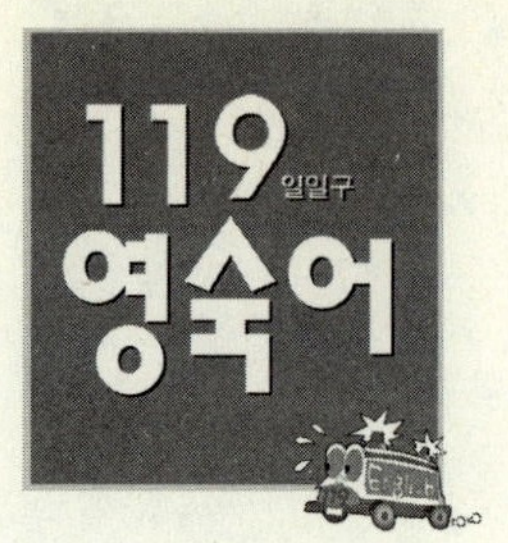

새로운 수능 대비 영숙어

119_{일일구} 영숙어

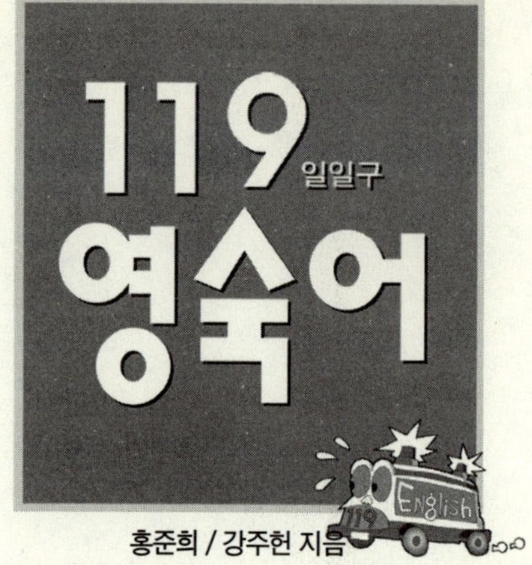

홍준희 / 강주헌 지음

오늘닷컴

119 영숙어

1판 인쇄 ・ 2002년 1월 10일
1판 발행 ・ 2002년 1월 15일

지은이 ・ 홍준희・강주헌
펴낸이 ・ 이종천
펴낸곳 ・ 오늘닷컴
등록일 ・ 1997년 11월 17일, 제10-1510호
주소 ・ 서울시 마포구 용강동 45-8
전화번호 ・ 719-2811(대)
팩스 ・ 712-7392

http://www.o-neul.com
http://www.oneul.co.kr
ID : oneull@netsgo.com

※ 인지는 붙이지 않습니다.
※ 오늘닷컴의 편집・영업・관리는 '오늘'에서 합니다.
※ 잘못된 책은 구입하신 서점에서 바꿔 드립니다.
ISBN 89-87928-54-3 13740

값 7,000원

새로운 경향의 수능영어,
독해력 완성의 숙어 1400!

수능영어의 관건은 독해력이다.

그리고 숙어실력이 단어·문법·구문실력과 함께 독해력을 좌우한다.

근래 새로운 유형의 문장 독해력이 요구되고 있고, 그에 따라 새로운 학습 이론에 근거하는 학습체계로 숙어실력을 높여 가야 할 것이다.

수능영어에서 고득점을 목표로 할 때 고교 전과정을 망라해서 숙어 1100 개 수준이 필요하다.

이 책은 컴퓨터 분석을 통하여 예상 최고 수준치를 측정하고, 숙어 1400 개 수준을 제시하고 있다.

☆ 가장 효율적인 유형별 학습!

숙어를 암기하는 방법도 동사를 암기하는 것과 같다. 품사를 가리고, 철자를 알고, 발음을 익히는 것이다.

숙어는 문장에서 동사 역할을 하거나, 부사 역할을 하거나, 어떤 역할을 하기 마련이다.

또 동사나 명사와 결합하는 전치사의 유무나 명사 앞에 오는 관사의 유무 등이 숙어에서의 철자라고 할 것이다.

이러한 원칙에 따라 필요한 숙어를 학습 유형별로 분류하여 암기하는 것이 가장 효율적이다.

이 책은 1400개의 숙어를 수능영어 빈출도에 따라 10개 유형으로 분류하여 암기효과를 높이고, 수험용 숙어의 속성을 파악하고, 실전용 숙어로 활용할 수 있도록 하고 있다.

☆ 핵심적이고 적절한 뜻 파악!

숙어는 대체로 다양한 뜻을 갖는다. 여기에서 숙어의 뜻 파악은 수능영어 독해에 적절한 의미를 핵심적으로 암기하도록 한다.

☆ 숙어 활용을 좌우하는 필수 예문!

숙어를 암기하고 활용하는 최선의 방법은 예문과 함께 외우는 것이다. 이 책에서 권위있는 연구를 통하여 제시되는 알뜰한 필수 예문을 함께 숙달하길 바란다.

☆ 관련 어법과 참고사항을 최대 활용!

실전에서 고득점을 좌우하는 관련 참고 사항을 숙지해 두어야 한다.
이 책은 특별히 이것을 강조하고 있다.

NOTES　…실전에 꼭 활용할 수 있는 관련어·어법 등을 암기한다.

참고　…학습을 통하여 활용할 수 있도록 다양한 특기사항을 유의한다.

[주의]　…실수하기 쉬운 것들을 꼭 짚고 넘어가도록 한다.

"Time brings roses!"
(좋은 시간은 아름다운 보람을 엮는다!)

대망을 그리는 고교생 여러분!
시간의 주체가 되어 나아가세요!
이 책이 언제나 최선을 선택하는 여러분의 충실한 동반자가 될 것입니다.
영광의 날을 빕니다.

CONTENTS

1

한 단어로
대체할 수 있는 숙어

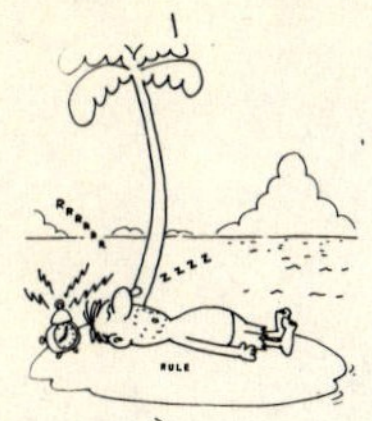

account for   …을 설명하다

〈대체단어〉 **explain**

▶ There is no *accounting for* tastes. 맛을 설명할 수는 없다.

NOTE ● **account for**는 '…의 원인이 되다'는 뜻으로도 쓰인다.
Carelessness *accounts for* accidents.
부주의가 사고의 원인이다

add up   …을 합산하다

〈대체단어〉 **total**

▶ Will you *add up* all these figures?
이 수를 모두 합해 주시겠습니까?

참고 **add to** + 명사 '…에 덧붙여지다'
This added to my anxiety. 그것은 내 불안을 증가시켰다.

after all   결국

〈대체단어〉 **finally**

▶ *After all* he could not succeed.
결국 그는 성공할 수 없었다.

참고 **at last** '마침내, 결국'
He didn't come *after all*. 그는 결국 오지 않았다

amount to   합이 …이 되다

▶ The visitors *amounted to* fifty. 방문객은 총 50명이었다.

[주의] **amount**는 자동사이므로 언제나 **to**와 함께 쓰인다고 생각해야 한다.

as good as   거의, …같은 정도의

〈대체단어〉 **almost**

▶ He is *as good as* dead. 그는 죽은거나 다름없다.

▶ He is *as good as* his word. 그는 약속을 잘 지킨다.

<table><tr><td>6</td><td>**ask for**</td><td>요구하다</td></tr></table>

〈대체단어〉 demand

▶ He came to *ask for* money. 그는 돈을 요구하러 왔다.

NOTE ● **ask** … **for**— '…에게 —을 요구하다'
I *asked* him *for* help. 나는 그에게 도와주기를 요구했다

<table><tr><td>7</td><td>**at liberty**</td><td>자유로운, 한가한</td></tr></table>

〈대체단어〉 free

▶ When will you be *at liberty*? 너는 언제 한가할 것 같으냐?

참고 **be at liberty to** + 동사원형 '자유롭게 …해도 좋다'
You are *at liberty* to use it. 자유롭게 그것을 사용해도 좋다

<table><tr><td>8</td><td>**back up**</td><td>…을 지지하다</td></tr></table>

〈대체단어〉 support

▶ Thank you for *backing* me *up* fully.
저를 전적으로 후원해주어 감사합니다.

<table><tr><td>9</td><td>**bear … in mind**</td><td>…을 기억하다</td></tr></table>

〈대체단어〉 remember

▶ You must *bear* his advice *in mind*.
그의 충고를 기억해두어야만 한다.
▶ I still *bear* his name *in mind*.
나는 아직 그의 이름을 기억한다

참고 동의어로 **keep** … **in mind**

<table><tr><td>10</td><td>**bear up**</td><td>…을 견디다, 지탱하다</td></tr></table>

〈대체단어〉 sustain

▶ The pillars can not *bear up* the arch.
기둥들은 아치문을 지탱할 수 없다.

11   bear with   …을 참다, …에 견디다

〈대체단어〉 **endure**

▶ I can't *bear with* him any more.
나는 더이상 그에게 참아줄 수 없다.

참고   **bear out** '확증하다' (=confirm)
This *fact* bears me *out*. 이 사실이 내 말을 확인해준다

12   be fond of   …을 좋아하다

〈대체단어〉 **like**

▶ I *am fond of* playing golf. 나는 골프치는 것을 좋아한다.
▶ I *am* very *fond of* music. 나는 음악을 무척 좋아한다

참고   **get fond of** …가 좋아지다

13   beg one's pardon   사과하다, 용서를 구하다

〈대체단어〉 **apologize**

▶ I must *beg your pardon* for not writing so long.
나는 그렇게 오랫동안 편지를 쓰지 않은데 대해 용서를 구해야만
한다.

NOTE   ● I beg your pardon.
끝이 상승조이면 「다시 한번 말씀해 주십시요.」
끝이 하강조이면 「죄송합니다, 실례합니다.」

14   blow up   …을 폭파시키다

〈대체단어〉 **explode**

▶ They *blew up* the bridge with dynamite.
그들은 다이너마이트로 그 다리를 폭파시켰다.
▶ The soldiers *blew* the ship *up*. 군인들이 배를 폭파시켰다

NOTE   ● **blow**는 비인칭 주어를 받아 '(바람이) 불다'는 뜻을 갖는다.

It is *blowing* up for a rain. 비를 부르는 바람이 불고 있다.

15 break off (급하게 말 따위를) 멈추다

〈대체단어〉 stop

▶ He *broke off* in the middle of the story.
그는 이야기 도중에 멈추었다.

참고 break (off) with '…와의 관계를 끊다'

16 bring about …을 야기하다, …의 원인이 되다

〈대체단어〉 cause

▶ What *brought about* the quarrel?
무엇이 그 다툼의 원인이었느냐?
＝What resulted in the quarrel?

17 bring … back …을 돌려주다

〈대체단어〉 return

▶ I'll *bring* this book *back* to him soon.
나는 곧 이 책을 그에게 돌려줄 것이다.

NOTE ● bring back에는 '상기시키다'는 뜻도 있다
His story *brought back* our happy days.
＝His story reminded us of our happy days.
그의 이야기는 우리 행복했던 시절을 기억나게 했다.

18 bring up 양육하다

〈대체단어〉 rear

▶ The child was *brought up* by his aunt.
그 아이는 숙모 밑에서 자랐다.
▶ He was born and *brought up* in Seoul.
그는 서울에서 태어나 성장했다

NOTE ● 수동태로 변할 때 하나의 단어처럼 움직인다.

19　bring … to light　　…을 폭로하다

〈대체단어〉 **disclose**

▶ I'll *bring* this accident *to light*.
　나는 이 사건을 폭로할 것이다.
▶ The secret was *brought to light*. 비밀은 폭로되었다

20　by chance　　우연히

〈대체단어〉 **unexpectedly**

▶ I have had this information *by chance*.
　나는 이 정보를 우연히 얻었다.

참고　**by some chance**　'어쩌다가'
　　　by any chance　'만일, 만약'

21　call off　　1) …을 중지하다, 보류하다,
　　　　　　　　　2) 취소하다

〈대체단어〉 1) **suspend**, 2) **cancel**

▶ The game was *call off* on account of rain.
　경기가 비 때문에 중지됐다.

참고　**a called game** 콜드게임. 심판의 판정으로 중지된 경기
　　　The umpire called him out.
　　　심판이 그에게 아웃을 선언했다.

22　call up
23　ring up　　전화를 걸다

〈대체단어〉 **telephone**

▶ I'll *call* you *up* this evening.
　오늘 저녁 너에게 전화를 하겠다.
▶ *Call* her *up* tonight. 오늘밤 그 여자에게 전화해라

참고　요즈음에는 전치사 **up**없이 쓰인다.

| 24 | **care for** | 1) 좋아하다, 2) 돌보다 |

〈대체단어〉 1) **like**, 2) **tend**

▶ I don't *care for* him at all.
나는 그를 전혀 좋아하지 않는다.
▶ Who will *care for* the children?
누가 아이들을 돌볼 것이냐?

NOTE ● **care for** + 동명사 '…하기를 좋아하다'
I don't much *care for* having a bath.
목욕하기를 그렇게 좋아하지는 않는다

| 25 | **carry through** | 완성하다, 성취하다 |

〈대체단어〉 **accomplish**

▶ He has *carried through* the undertaking.
그는 떠맡은 일을 완결지었다.

참고 **carry out** '실행하다'
You must *carry out* your plan. 네 계획을 실행에 옮겨야만 한다.

| 26 | **cast down** | 낙담시키다 |

〈대체단어〉 **depress**

▶ I was *cast down* by the result. 나는 그 결과에 낙담했다.

[주의] 동사 **cast**의 변화를 기억할 것. **cast－cast－cast**

| 27 | **cast off** | 포기하다 |

〈대체단어〉 **abandon**

▶ He is the last man to *cast off* his family.
그는 결코 가족을 포기할 사람이 아니다.

| 28 | **catch up with** | …을 따라잡다 |

〈대체단어〉 **overtake**

▶ He will not be able to *catch up with* us.
그는 우리를 따라잡을 수 없을 것이다.
▶ His car *caught up with* hers.
그의 차는 그녀 차를 따라잡을 수 없었다

[주의]　이때 **up**은 부사이다.

29　combine A with B　　A와 B를 결합(연결)하다

〈대체단어〉 connect

▶ This bridge *combines* Inchon *with* Youngjongdo.
이 다리는 인천과 영종도 간을 연결시켜준다.

NOTE ● **combine with** … '…와 연합하다'
They *combined with* us. 그들은 우리와 연합했다.

30　come about　　　　　발생하다, 일어나다

〈대체단어〉 **happen**

▶ The accident *came about* in this way.
사고는 이 길에서 일어났다.
▶ A great change has *come about*.
커다란 변화가 일어나고 있다

31　come after　　　　　…의 뒤를 잇다

〈대체단어〉 **follow**

▶ One misfortune *came after* another. 불운은 계속되었다.

[주의]　· **another**다음에는 셀 수 있는 명사 단수만을 쓸 수 있다.
Would you like *another* potato? 다른 감자를 드릴까요?
· 그러나 수사의 표현이 있으면 복수명사와도 쓰인다.
I am staying for *another* three weeks.
나는 앞으로 3주일 더 머물 예정이다.

32　come by　　　　　　…을 손에 넣다

〈대체단어〉 **obtain**

▶ We have *come by* the money honestly.
우리는 정직하게 그 돈을 벌었다.

33 come in for　　　　　(몫, 재산, 칭찬 등을) 받다

〈대체단어〉 **receive**

▶ He *came in for* a great deal of property.
그는 상당한 재산을 물려받았다.

[주의]　**a great deal of** 다음엔 단수명사, 즉 양적개념의 단어가 쓰인다.
He has spent *a great deal of* time in the Far East.
그는 극동에서 많은 시간을 보냈다.

34 come to a conclusion　결론에 다다르다

〈대체단어〉 **conclude**

▶ They have *come to a conclusion* to sell their farm.
그들은 결국 농장을 팔기로 결론내렸다.

35 come to pass　　　　　(사건이) 일어나다

〈대체단어〉 **happen**

▶ Big events will *come to pass.* 큰 사건들이 일어날 것이다.
▶ It *came to pass* that the truck broke down on the road. 트럭이 길에서 고장나는 일이 벌어졌다

[주의]　이때 **pass**는 명사 취급을 받으므로, **to pass**는 부정사절이 아니다.

36 come up with　　　　　…을 따라잡다

〈대체단어〉 **overtake**

▶ You can't *come up with* him in English.
영어로는 그를 따라잡을 수 없다.

참고　동의어로 **catch up with** (⇨ 28)

| 37 | **confer with** | 상의하다, 상담하다 |

〈대체단어〉**consult**

▶ We *conferred with* our adviser about the matter.
우리는 그 문제에 대해 고문과 상의했다.

NOTE ● **confer**가 타동사로 쓰이면, **confer A on B** 'A를 B에게 수여하다'
I'll *confer* this book *on* Jim. 나는 짐에게 이 책을 줄 것이다

| 38 | **congratulate A on B** | A를 B로 축하하다 |

〈대체단어〉**celebrate**

▶ I *congratulate* you *on* your success.
당신의 성공을 축하합니다.
= I celebrate your success.

NOTE ● 명사형 **congratulation**이 '축하한다'는 뜻으로 쓰일 때는 복수형임에 주의할 것. **Congratulations!** 축하합니다!

| 39 | **cry up** | 칭찬하다 |

〈대체단어〉**praise**

▶ He wishes all his friends to *cry up* his house to him.
그는 모든 친구들이 자기 집을 칭찬해주기를 바란다.

| 40 | **cut down** | 삭감하다, 줄이다 |

〈대체단어〉**reduce**

▶ You must *cut down* your expenses.
당신 지출을 줄여야만 한다.

참고　**cut down on smoking** '흡연을 줄이다'

| 41 | **cut short** | 짧게 하다, 줄이다 |

〈대체단어〉**shorten**

▶ She has had all her dresses *cut short*.
그녀는 모든 옷을 짧게 줄였다.

[주의]　이때 **short**는 부사이다

42　decide on/upon　　…을 결정하다

〈대체단어〉 **determine**

▶ We *decided upon* the matter by vote.
우리는 투표로 그 문제를 결정했다

NOTE ● 명사대신 동명사가 쓰일 수 있다.
We *decided on* going out.
= We *decided* to go out. 우리는 외출하기로 결정했다

43　delight in　　…을 즐기다

〈대체단어〉 **enjoy**

▶ He *delights in* fishing. 그는 낚시를 즐긴다.
▶ We *delights in* (learning) music.
나는 음악(공부하기)을 즐긴다

[주의]　동명사가 나오는 것이 원칙이다.
타동사로 쓰일 경우엔 주로 수동구문으로 쓰인다.
We're delighted to meet you. 당신을 만나 기쁘다.

44　do away with　　폐지하다, 제거하다

〈대체단어〉 **abolish**

▶ This custom should be *done away with*.
이런 관습은 없어져야만 한다.

[주의]　수동구문으로 쓰일 때 **do away with**는 하나의 동사 처럼 움
직인다.

45　do good　　이익이 되다

〈대체단어〉 **benefit**

▶ This medicine will *do* you *good*.
이 약은 너에게 좋을 것이다.

[주의] 이때 **good**은 명사가 된다. 따라서 엄격하게 말하면 위의 예문은 4형식 문장으로 **good**은 직접목적어이다.

46 do harm　　해가 되다

〈대체단어〉 **hurt**

▶ The typhoon *did* great *harm* to the crop.
태풍은 곡식에게 커다란 피해를 주었다.

[주의] **do good**처럼 4형식의 형태를 가질 수도 있다.
= The typhoon *did* the crop great *harm*.

47 do up　　수리하다, 수선하다

〈대체단어〉 **repair**

▶ The house needs doing up.
= The house needs to be done up.
이 집은 수선할 필요가 있다.

[주의] **need**의 목적어로 능동형 동명사 혹은 수동형 부정사임에 주의할 것.

48 drop in　　(지나가는 길에) 잠깐 들르다

〈대체단어〉 **visit**

▶ Please *drop in* when you come this way.
이 길을 지나가실 때 들려주십시요.

참고 **drop in with a friend** '갑자기 친구를 만나다'

49 every now and then　　때때로

〈대체단어〉 **sometimes**

▶ I go to the movies *every now and then*.
나는 가끔 영화관에 간다.

[참고]　now and then ＝ now and again '때때로'

50　**fall behind**　　　　　　　지체하다, 연기하다

〈대체단어〉 **delay**

▶ He always *falls behind* with his work.
그는 항상 자기 일을 뒤로 미룬다.

[주의]　**delay ＋ －ing**：…하기를 미루다
He delayed getting married. 그는 결혼을 연기했다.

51　**fall to**　　　　　　　시작하다

〈대체단어〉 **begin**

▶ He *fell to* writing a letter. 그는 편지를 쓰기 시작했다.

[주의]　**fall to** 다음에는 명사나 동명사를 사용한다.

52　**find fault with**　　　…을 헐뜯다. 비난하다

〈대체단어〉 **criticize**

▶ He is always *finding fault with* me.
그는 항상 나를 비난한다.
▶ Don't *find fault with* others. 다른 사람을 헐뜯지마라

53　**find out**　　　　　　　발견하다

〈대체단어〉 **find**

▶ We could not *find* him *out*. 우리는 그를 찾을 수 없었다.

NOTE ● **find out**은 Wh－절을 목적어로 취할 수 있다.
Did you *find out* what the child wanted?
너는 그 아이가 원하는 것을 알아냈느냐?

54　**for certain**
55　**for sure**　　　　　　확실히

〈대체단어〉 **certainly, surely**

▶ I know *for certain* that he is honest.
나는 그가 정직하다는 것을 확실히 알고 있다.

NOTE ● **I know for certain that** …은 일종의 관용구로 '반드시 …
일 것이다'로 해석된다.

참고　　make certain of …을 확인하다

56　get away　　　가다, 떠나다

〈대체단어〉 **leave**

▶ I want you to *get away* at once.
나는 네가 즉시 떠나기를 원한다.

참고　　**get away with** …을 가지고 달아나다, …에서 무죄방면되다
Though he cheated in the examination, he *got away with*
it. 그는 시험에서 컨닝을 했으나 벌을 면했다.

57　get back　　　돌아오다

〈대체단어〉 **return**

▶ He *got back* from America yesterday.
그는 어제 미국에서 돌아왔다.

참고　　**get back on** …에 보복하다

58　get in　　　1) 들어가다, 2) 도착하다

〈대체단어〉 1) **enter**, 2) **arrive**

▶ He *got in* my room. 그는 내 방에 들어갔다.
▶ The train *got in* on time. 기차는 정시에 도착했다.

참고　　**get into** …을 타다, (생각이) 떠오르다
A good idea *got into* my head.
좋은 생각이 내 머리에 떠올랐다

59　get in touch with　　　…와 연락하다

〈대체단어〉 **communicate** with

▶ You can *get in touch* with him at his house tomorrow morning.
당신은 내일 아침에 그의 집에서 그와 연락할 수 있습니다.

60 **get on one's nerves** 신경을 거스리다, 화나게 만들다

〈대체단어〉 **annoy**

▶ That naughty boy *gets on my nerves*.
저 장난꾸러기가 나를 신경쓰게 만든다.

[참고] **get in one's way** ···에게 방해가 되다
get on ···을 타다

61 **get rid of** 제거하다

〈대체단어〉 **banish**

▶ You must *get rid of* your cold soon.
빨리 감기를 쫓아버려야만 한다.

[참고] **be rid of** ···을 벗어나다, 면하다
He *is rid of* fever. 그는 열이 내렸다.

NOTE ● 이때 **rid**는 **rid**(해방하다, 면하다)의 과거분사 꼴이다.

62 **get through** (시험에) 합격하다

〈대체단어〉 **pass**

▶ He has *got through* the entrance examination.
그는 입학시험에 합격했다.

63 **get through with** ···을 끝내다

〈대체단어〉 **finish**

▶ Have you *got through with* the work?
그 일을 끝마쳤느냐?

[참고] **get through to** ···에게 전달되다
Tell me when my letter has *got through to* her.

내 편지가 그녀에게 전달되면 알려주라.

64 **get together**   모이다

〈대체단어〉 **gather**

▶ Let's *get together* and talk about it.
모여서 그것에 관해 이야기를 해봅시다.

NOTE ● 같은 의미로 타동사 형식으로 쓰이는 **put together**가 있다.
Put them *together* and see which is larger.
그것들은 모아 놓고, 어느 것이 더 큰가 보아라.

65 **give birth to**   낳다

〈대체단어〉 **bear**

▶ She *gave birth to* a boy. 그녀는 아들을 낳았다.

66 **give no regard to**   …을 무시하다

〈대체단어〉 **neglect**

▶ He *gives no regard to* her fault.
그는 그녀의 결점을 무시해버린다.

NOTE ● 반의어 **have/pay regard to** …을 존중하다(＝respect)

67 **give off**   (냄새, 가지 등을) 내다

〈대체단어〉 **emit**

▶ The cheap coal *gives off* a lot of smoke.
싸구려 석탄은 많은 연기를 낸다.
▶ Cheap oil *gives off* bad odor. 싸구려 기름은 악취를 낸다

68 **give rise to**   …을 생산하다

〈대체단어〉 **produce**

▶ His story *gave rise to* many rumors.
그의 이야기는 많은 소문을 불러 일으켰다.

69　　give up　　　　　　포기하다

〈대체단어〉 **abandon, stop**

▶ I *gave up* smoking five years ago.
나는 오년 전에 담배를 끊었다.

NOTE ● **give up a person for lost** …를 구조할 수 없는 것으로 판단하여 포기하다
give up on …은 구어에서 쓰이는 표현으로 의미는 같다.

70　　go beyond　　　　　…을 능가하다

〈대체단어〉 **exceed**

▶ Don't *go beyond* the speed limit. 제한 속도를 넘지마라.

참고　**go beyond oneself** 자제력을 잃다, 평소 이상의 힘을 내다

71　　have a liking for　　…을 좋아하다

〈대체단어〉 **like**

▶ I *have a liking for* golf. 나는 골프를 좋아한다.

참고　**take a liking for** …이 좋아지다

72　　have a sense of　　…을 이해하다

〈대체단어〉 **understand**

▶ Can you *have a sense of* what he says?
너는 그가 말하는 것을 이해할 수 있느냐?

NOTE ● **a man of sense** 분별력있는 사람

73　　hold back　　　　말리다,억제하다

〈대체단어〉 **restrain**

▶ I could not *hold* him *back* from going.
나는 그가 가는 것을 말릴 수 없었다.

[주의]　**hold back from**의 형식으로 자주 쓰이며, 뒤에는 명사나 동
　　　　명사가 온다.

| 74 | **hold on** | 계속하다 |

〈대체단어〉**continue**

▶ We *held on* our journey until midnight.
우리는 자정까지 여행을 계속했다.

NOTE ● 동의어 : **go on** 계속하다

참고　　**hold on to** …에 달라붙다, 집착하다

| 75 | **hold out** | 견디다 |

〈대체단어〉**endure**

▶ They *held out* for a week without any food.
그들은 아무런 식량없이 일주일을 견디었다.

NOTE ● 다른 뜻으로 '제출하다(=submit)'가 쓰인다.

| 76 | **hold up** | 올리다, 떠받치다 |

〈대체단어〉**lift**

▶ *Hold up* your head. 머리를 들어라.

| 77 | **hurry up** | 서두르다 |

〈대체단어〉**hasten**

▶ *Hurry up,* or you'll be late for school.
서둘러라, 그렇지 않으면 학교에 늦을 것이다.

[주의]　명령문 다음의 **or**는 '…하지 않으면'(if …not)이라 해석한다

| 78 | **idle away** | (시간을) 낭비하다, 빈둥빈둥 보내다 |

〈대체단어〉**waste**

▶ I advise you not to *idle away* your time.

네 시간을 낭비하지 말라고 충고한다.

| 79 | **in advance** | 미리, 먼저 |

〈대체단어〉 **beforehand**

▶ Send your baggage *in advance*. 먼저 네 짐을 보내라.

NOTE ● **advanced ticket** 예매권

| 80 | **keep company** with | …와 친하게 지내다 |

〈대체단어〉 **associate** with

▶ I advise you not to *keep company with* that fellow.
나는 네가 저 녀석과 친하게 지내지 말 것을 충고한다.

NOTE ● 반의어 : **part company with** …와 헤어지다

| 81 | **keep down** | (감정을) 억누르다 |

〈대체단어〉 **restrain**

▶ *Keep down* your anger. 화를 참아라.

참고 또다른 뜻으로 '(경비를) 줄이다'
We must *keep down* expenses. 우리는 경비를 줄여야만 한다.

| 82 | **keep on** + 동명사 | …을 계속하다 |

〈대체단어〉 **continue**

▶ She *keeps on* talking all the time.
그는 시간내내 계속해 말한다.

[주의] **continue**의 경우에는 **to** 부정사와 동명사 모두 사용될 수 있다.

| 83 | **keep up** | 1) …을 계속하다 |
| | | 2) …을 유지하다 |

〈대체단어〉 1) **continue**, 2) **maintain**

▶ We *kept* the talk *up* till midnight.
우리는 자정까지 이야기를 계속했다.

▶ She *kept* her courage *up*. 그녀는 용기를 잃지 않았다.

84 keep up with　　…에 뒤떨어지지 않다

〈대체단어〉 **maintain**

▶ He can not *keep up with* the class.
그는 수업을 따라가지 못한다.

참고　　**catch up with** …을 따라잡다 (⇨ 28)

85 later on　　후에

〈대체단어〉 **afterwards**

▶ I will explain it *later on*. 나중에 그것을 설명할 것이다.

NOTE ● **sooner or later** 조만간, 언젠가는
three hours later on 3시간 후에

86 lay emphasis on　　…을 강조하다

〈대체단어〉 **emphasize**

▶ We *laid emphasis on* the need for quick relief.
우리는 빠른 구조의 필요성을 강조했다.

87 let fall　　떨어뜨리다

〈대체단어〉 **drop**

▶ She *let fall* the vase on the floor.
그녀는 꽃병을 마루에 떨어뜨렸다.

[주의]　　**let fall**을 숙어로 보아 암기하는 것도 필요하겠지만, 이때 **let**을 사역동사로 볼 수도 있어 **let**다음에는 **fall** 만이 아니라 다양한 동사가 올 수 있다.
We *let go* the bird. 우리는 새를 날려보냈다.

88   **look down upon**   경멸하다

〈대체단어〉 **despise**

> ▶ Don't *look down upon* a man because he is poor.
> 가난하다고 사람을 경멸하지마라.

NOTE ● 반의어 : **look up to** 존경하다(＝respect)

89   **look forward to**   …을 기대하다

〈대체단어〉 **anticipate**

> ▶ I am *looking forward to* seeing you again.
> 너를 다시 만날 수 있기를 기대하고 있다.

[주의]   **look forward to** 다음에는 명사나 동명사가 사용된다

90   **look into**   조사하다

〈대체단어〉 **examine**

> ▶ We must *look into* the matter.
> 우리는 그 문제를 조사해야만 한다.

[참고]   **look in on** 잠깐 들리다
Please *look in on* us if you come this way.
이 길을 지날 때 잠깐 들러주십시요.

91   **look out**   조심하다

〈대체단어〉 **beware**

> ▶ *Look out*! There's a truck coming!
> 조심해라! 트럭이 오고 있다!

[주의]   조심하라는 뜻은 주로 명령문에서 쓰인다. 평서문에서는 다른
전치사와 덧붙여져 여러 의미로 사용된다.
Look out of the window. 창 밖을 내다보아라.

92   **look upon A as B**   A를 B로 간주하다

〈대체단어〉 **regard A as B**

▶ He *looks upon* me *as* his benefactor.
그는 나를 그의 은인으로 생각한다.

NOTE ● 동의어 : **look on A as B** = **consider A (as) B**
= **take A as B**

93 **look up to**　　　존경하다

〈대체단어〉 **respect**

▶ They *looked up to* him as their leader.
그들은 그를 지도자로 존경했다.
▶ I *look up to* him as my teacher.
나는 그를 선생님으로 존경한다.

NOTE ● 반의어 : **look down on** 경멸하다(=despise)

94 **make a fool of**　　　조롱하다, 놀리다

〈대체단어〉 **mock**

▶ Don't *make a fool of* old man. 노인을 놀리지 마라.

참고　**make a fool of oneself** 웃음거리가 되다.

95 **make amends** for　　　보상하다

〈대체단어〉 **compensate** for

▶ Nothing can *make amends for* the loss of my mother.
아무 것도 내 어머니의 죽음을 보상해줄 수 없다.

참고　**make amends to** …에게 보상하다

[주의]　**amends**는 항상 복수형으로 쓰인다.

96 **make a speech**　　　연설하다

〈대체단어〉 **speak**

▶ I *made a speech* at the meeting.
나는 모임에서 연설을 했다.

| 97 | **make believe** | …인 척하다 |

〈대체단어〉 pretend

▶ He *makes believe* to be wise. 그는 현명한 척한다.

[주의]　이때 동사 **make**는 사역동사로 보아도 무방하다. 즉 '믿게 만들다'는 뜻이 되므로 결국 숙어의 뜻과 통한다.

| 98 | **make efforts** | 노력하다 |

〈대체단어〉 endeavour

▶ I *made great efforts* to accomplish it.
　나는 그것을 완수하기 위해 많은 노력을 했다.

[주의]　단수형을 사용하여, **make an effort**도 가능하다.

| 99 | **make fun of** | 놀리다 |

〈대체단어〉 ridicule

▶ You must not *make fun of* the child.
　그 아이를 놀려서는 안된다.

NOTE ● 동의어 : **poke fun of** 놀리다

| 100 | **make good** | 성공하다 |

〈대체단어〉 succeed

▶ I am sure he will *make good* in that job.
　나는 그가 저 직업에서 성공할 것이라고 확신한다.

[주의]　이때 **good**은 형용사로 동사 **make**의 보어 역할을 한다.

| 101 | **make haste** | 서두르다 |

〈대체단어〉 hurry

▶ *Make haste* slowly. 천천히 서둘러라.

참고　**in haste** 서둘러서

be in haste to + 동사 : 서둘러 …하다
He *is in haste to* get ahead in the world.
그는 출세해보려고 안달이다.

102   make one's appearance   나타나다

〈대체단어〉 **appear**

▶ The sun has *made its appearance* on the horizon.
태양이 수평선 위에 떠올랐다.

103   make out   이해하다
104   figure out

〈대체단어〉 **understand**

▶ I could not *make out* what she said.
나는 그녀가 말하는 것을 이해할 수 없었다.

NOTE ● **figure out at** 합계가 …이 되다

105   make progress   진보하다

〈대체단어〉 **advance**

▶ He *made* rapid *progress* in English.
= He rapidly advanced in English.
그는 영어 실력이 빠르게 진보했다.

참고   **in progress** 진행중

106   make up for   보상(보충)하다

〈대체단어〉 **compensate** for

▶ I must *make up for* lost time.
잃어버린 시간을 보충해야만 한다.

참고   **make amends for** 보상하다 (⇨ 95)

107   make up one's mind   결심하다

〈대체단어〉 **decide**

▶ Have you *made up your mind* to go abroad?
외국에 나가기로 결심을 했느냐?

참고 **have ⋯ upon one's mind** ⋯을 걱정하다

---

108 **mark off** 　　　　　구별하다

〈대체단어〉 **distinguish**

▶ This feature *marks* him *off* from other boys.
이런 면이 그를 다른 아이들과 구별해준다.

[주의] **mark off A from B** A와 B를 구분하다

---

109 **of help** 　　　　　도움이 되는, 유용한

〈대체단어〉 **helpful**

▶ Can I be *of* any *help* to you? 내가 당신에게 도움이 될까요?

NOTE ● **of** + 추상명사 ⇒ 형용사

---

110 **of late** 　　　　　최근에

〈대체단어〉 **lately, recently**

▶ Have you seen him *of late*? 최근에 그를 본 적이 있느냐?

[주의] **of late, lately**는 현재완료형과 주로 같이 쓰인다.
recently는 현재완료형이외에도 과거형과도 함께 쓰인다.

---

111 **of use** 　　　　　유용한

〈대체단어〉 **useful**

▶ Newspapers are *of use* to everybody.
신문은 모두에게 유용하다.

NOTE ● 반의어 : **of no use** 쓸모없는(＝useless)

---

112 **old and tried** 　　　　　전적으로 신용할 수 있는

〈대체단어〉 **reliable**

▶ He seems to be an *old and tried* friend.
그는 전적으로 신뢰할 수 있는 친구인 것 같다.

[참고] **tried and true** 절대 확실한, 믿을 수 있는
숙어의 형태를 띠고 있지만 주로 명사를 수식하는 한정적 용법으로 쓰인다.

113 **once in a while** 때때로, 이따금

〈대체단어〉 **occasionally**

▶ She goes out shopping *once in a while*.
그녀는 가끔 쇼핑하러 나간다.

NOTE ● 동의어 : **at times = sometimes**

114 **pass away** 죽다

〈대체단어〉 **die**

▶ Last night his father *passed away*.
그의 아버지가 어제 밤 돌아가셨다.

NOTE ● 동의어 : **pass out** 죽다

115 **pay a visit to** 방문하다

〈대체단어〉 **visit**

▶ The railway strikes prevented me from *paying a visit to* a friend of mine.
철도 파업때문에 나는 내 친구를 방문할 수 없었다.
▶ Yesterday I *paid a visit to* Pusan.
나는 어제 부산을 방문했다.

[주의] 방문하는 사람이나 장소에 관계없이 사용된다.

116 **pay regard to** 존중하다

〈대체단어〉 **esteem**

▶ The president *paid regard to* public opinion.

대통령은 대중의 의견을 존중했다.

117 pick out　　　　　선택하다

〈대체단어〉 **choose, select**

▶ She *picked out* the best dress.
그녀는 가장 좋은 옷을 선택했다.

118 possess oneself of　　　…을 자기 것으로 하다

〈대체단어〉 **acquire**

▶ He *possessed himself of* a beautiful house.
그는 아름다운 집을 손에 넣었다.

참고　**be possessed of** …을 소유하고 있다.(＝have)
He is *possessed of* a large fortune.
그는 큰 재산을 가지고 있다.

119 put forward　　　　　제안하다

〈대체단어〉 **suggest**

▶ He *put forward* a new theory.
그는 새로운 이론을 제안했다.

참고　**put oneself forward** 주제넘게 나서다

120 put off　　　　　연기하다

〈대체단어〉 **postpone**

▶ The meeting will be *put off* until Friday.
모임은 금요일까지 연기될 것이다.

NOTE ● **pass off well** 지체없이 잘 진행되다
The meeting will *pass off well*. 회의는 잘 진행될 것이다

121 put out　　　　　끄다

〈대체단어〉 **extinguish**

▶ He *put out* all the lights. 그는 모든 불들을 껐다.
▶ They *put out* the fire with help of the neighbors.
그들은 이웃사람들의 도움으로 불을 껐다

122 **put A to death**　　　　　A를 죽이다

〈대체단어〉 **kill** A

▶ He *put* a robber *to death* in selfdefence.
그는 자기방어로 도둑을 죽였다.

123 **put A to use**　　　　　A를 이용(사용)하다

〈대체단어〉 **utilize** A

▶ The money will be *put to* good *use*.
그 돈은 유용하게 사용될 것이다.

124 **put up** at　　　　　…에 머무르다

〈대체단어〉 **stay** at

▶ I *put up at* an inn by the lake.
나는 호숫가에 있는 여관에서 머물렀다

참고　 **put A up to** …에게 ―을 슬쩍 알려주다
He *put* me *up to* the latest tips.
그는 최신 경마정보를 내게 알려주었다.

125 **put up with**　　　　　참다, 견디다

〈대체단어〉 **endure, tolerate, stand**

▶ We cannot *put up with* the noise.
그 시끄러운 소리를 참을 수 없다.

126 **reach out** A for B　　　　A를 내밀어 B를 잡다

〈대체단어〉 **stretch** A for B

▶ I *reached out* my hand *for* a pen.
나는 손을 뻗어 펜을 잡았다.

127   run across   우연히 만나다

〈대체단어〉 **encounter**

▶ I *ran across* his father at the party.
나는 파티에서 그의 아버지를 우연히 만났다.

참고 **run against** …와 충돌하다, 우연히 만나다

128   run down   비방하다, 헐뜯다

〈대체단어〉 **dispraise**

▶ Some critics *run down* good books.
몇몇 비평가들이 좋은 책들을 비난한다.

참고 **run up** (값이) 오르다, 뛰어 오르다

129   run out of   …을 다 써버리다

〈대체단어〉 **exhaust**

▶ I have *run out of* money. 나는 돈을 다 써버렸다.

NOTE ● **exhaust oneself** …**ing** …하는데 지치다
I have *exhausted myself* study*ing*. 나는 공부하는데 지쳤다.

130   second to none   누구에게도 뒤지지 않는

〈대체단어〉 **unsurpassed**

▶ He is *second to none* in English.
그는 영어라면 누구에게도 뒤지지 않는다.

참고 **second only to A** : A 다음으로 첫째

131   seek after   원하다

〈대체단어〉 **desire**

▶ He is always *seeking after* power.

그는 항상 권력을 구하고 있다.

 seek for도 같은 의미로 쓰인다.
We sought to persuade our son.
우리는 아들을 설득시키려 애썼다.

132　set about　　시작하다

〈대체단어〉 **begin**

▶ He *set about* making a new plan.
그는 새 계획을 짜기 시작했다.

 set이 타동사로 쓰일 경우를 비교해보자.
She *set* him to do the work.
그녀는 그에게 그 일을 하도록 시켰다.
His story *set* us laughing. 그의 이야기는 우리를 웃게 만들었다.

133　set A free　　A를 자유롭게 하다

〈대체단어〉 **release** A

▶ I *set* the birds *free* from the cage.
나는 새들을 새장에서 풀어주었다.

NOTE ● 동의어 : **set A at liberty ＝ liberate A**

134　set in　　시작하다

〈대체단어〉 **begin**

▶ The rainy season has just *set in.*
우기가 바야흐로 시작되었다.
▶ Winter is *setting in.* 겨울이 시작되고 있다.

[주의] **set about**는 주로 타동사적 의미로, **set in**은 자동사적 의미
로 주로 사용된다.

135　set out　　출발하다

〈대체단어〉 **start**

▶ They *set out* for Europe. 그들은 유럽을 향해 출발했다.

NOTE ● **set out for** …을 향해서 출발하다

136 **set up** 세우다, 건설하다

〈대체단어〉 **establish**

▶ They *set up* a monument there.
그들은 거기에 기념물을 세웠다.

137 **show off** 자랑해 보이다

〈대체단어〉 **display**

▶ She *showed off* her fine clothes.
그녀는 예쁜 옷들을 자랑해 보였다.

참고 **make a display of** …을 과시하다

138 **speak for** 대변(변호)하다

〈대체단어〉 **defend**

▶ He *spoke for* his doctrine at the meeting.
그는 모임에서 그의 학설을 변호했다.

NOTE ● **speak for oneself** 자기를 위해 말하다
speaking for oneself 자기를 위해 말하자면
speaking for myself 내 의견을 말하자면

139 **speak of** …에 관하여 말하다

▶ The book I *spoke of* was published only yesterday.
내가 언급했던 그 책이 어제서야 출간되었다.

[주의] **speak of A as B** A를 B라고 부르다.
be spoken of as B B라고 일컬어진다.

140 **speak out** 털어놓고 말하다

〈대체단어〉 **profess**

▶ He *spoke out* that he had no taste for music.
그는 음악에 취미가 없음을 솔직하게 말했다.

141 stand by   지지(지원)하다

〈대체단어〉 **support**

▶ He will *stand by* us at any time.
그는 언제든지 우리를 지지할 것이다.
▶ Don't be afraid. I'll *stand by* you.
두려워하지 마라. 내가 널 지원하겠다.

NOTE ● **stand by** 방관하다.
Don't *stand by*, but help me. 방관하지말고 나를 도와라

142 stand for   1) …을 나타내다, 대표하다
2) …의 편을 들다

〈대체단어〉 1) **represent**, 2) **support**

▶ What does 'E.T' *stand for*? E.T는 무엇을 뜻합니까?
▶ He always *stands for* the right. 그는 항상 정의의 편이다.

143 take after   닮다

〈대체단어〉 **resemble**

▶ She *takes after* her mother. 그녀는 어머니를 닮았다.

144 take delight in   즐기다

〈대체단어〉 **enjoy**

▶ He *took delight in* working as an actor.
그는 배우로 일하는 것을 즐겼다.

참고   **with delight** 기꺼이

145 take A into account   A를 고려하다

〈대체단어〉 **consider**

▶ We must *take* her illness *into account*.
우리는 그녀의 질환을 고려해야만 한다.

NOTE ● **take account of**도 같은 뜻으로 쓰인다.

146 **take on**　　떠맡다, 인수하다

〈대체단어〉 **undertake**

▶ He always *takes on* a difficult task.
그는 항상 어려운 일을 떠맡는다.

참고　**take off** 이륙하다, 옷을 벗다

147 **take part** in　　참가하다

〈대체단어〉 **participate** in

▶ I *took part in* the athletic meeting.
나는 체육대회에 참가했다.

참고　**play the part of** …의 역을 맡다
명사 part에 관사의 유무를 항상 관심있게 보아야 한다.

148 **take place**　　일어나다

〈대체단어〉 **happen, occur**

▶ A fire *took place* last night. 어제밤 화재가 일어났다.
▶ Where will the speech contest *take place*?
웅변대회는 어디에서 개최되느냐?

149 **take side with**　　편들다

〈대체단어〉 **support**

▶ He decided not to *take side with* the government.
그는 정부를 지지하지 않기로 결심했다.

참고　**on the side of** …의 편인

150 **tell on**　　…에 영향을 미치다

〈대체단어〉 **affect**

▶ His hard life will *tell on* him.
그의 힘든 삶이 그에게 지장을 줄 것이다.
▶ His age is beginning to *tell on* him.
그도 나이는 어쩔 수 없었다.

151 think out　　　생각해내다, 고안하다

〈대체단어〉 devise

▶ He *thought out* a solution. 그는 해결책을 생각해냈다.

152 think over　　　숙고하다, 다시 생각하다

〈대체단어〉 consider

▶ You must *think* the matter *over*.
그 문제를 숙고해야만 한다.
▶ *Think over* what I've said. 내가 말한 것을 잘 생각해라.

153 through and through　철저하게

〈대체단어〉 thoroughly

▶ We know him *through and through*.
우리는 그를 철두철미하게 알고있다.

[참고]　**through thick and thin** 온갖 고난을 무릅쓰고
I'll stand by you *through thick and thin*.
나는 어떤 난관이 있어도 너를 지지하겠다.

154 turn down　　　거절하다

〈대체단어〉 refuse

▶ His application for the position was *turned down*.
그의 구직신청은 거절당했다.

[참고]　**turn off**는 '라디오나 전기 등을 끄다'는 뜻인 반면에 **turn down**에는 '불 등을 어둡게 하다 혹은 심지를 내리다'는 뜻이 있다.
Turn down the lights. 불을 어둡게 하거라.

155	**turn in**	…을 제출하다

〈대체단어〉 **submit**

▶ Students are required to *turn in* a term paper.
학생들은 보고서 제출을 요구받았다.

NOTE ● **turn in** 잠자리에 들다
I *turn in* at eleven every night.
나는 매일 밤 11시에 잠자리에 든다

156	**turn out**	증명되다

〈대체단어〉 **prove**

▶ It turned out to be true. 그것은 사실인 것으로 판명되었다.

NOTE ● **turn out to** + 동사 : 결국 …으로 판명나다
The rumor has *turned out* (to be) false.
소문은 결국 거짓으로 판명이 났다.

157	**turn A to (good) account**	A를 이용(사용)하다

〈대체단어〉 **utilize** A

▶ He *turns* everything *to good account*.
그는 모든 것을 이용한다.

158	**turn up**	나타나다

〈대체단어〉 **appear**

▶ He will *turn up* soon. 그는 곧 모습을 드러낼 것이다.

NOTE ● 동의어 : **show up**
turn up은 '심지를 올리다'는 뜻을 갖기도 한다.

$$\boxed{\textbf{QUESTION BOX}}$$

*** let과 rent vs lend와 borrow**

이제 고등학생 정도가 되면 동산과 부동산은 구별할 수 있어야 할 것이다. 무엇인가를 빌린다고 할 때, 그 무엇이 동산이냐 부동산이냐에 따라서 동사의 쓰임새가 달라진다.

일단 동산이라면, lend와 borrow가 쓰인다. 그리고 '빌려주다'는 의미는 lend, '빌리다'는 borrow가 된다.

I want to borrow a book from you. 너에게 책을 빌리고 싶다
Will you please lend me a book?
　　저에게 책을 빌려주시겠습니까?

그러나 빌려주고 받는 대상이 부동산이라면 쓰이는 동사가 완전히 달라진다. 바로 let(임대하다, 돈을 받고 빌려주다)과 rent(임대, 임차하다/돈을 받고 빌려주고 빌려받다)이다. rent의 의미가 훨씬 폭 넓다. 즉 rent는 양쪽의 행위 모두에 사용될 수 있는데 반하여, lend는 물건의 소유자가 주어로 나오게 된다.

I let the house from John.(x)
I rented the house from John.(o)
　　나는 존에게 집을 빌렸다

한편 말, 자전거, 자동차, 보트, 음악당 등을 단기간 임대료를 지불하면서 빌리는 경우에는 hire를 쓴다. 반대로 임차료를 받고 위의 물건들을 빌려주는 경우에는 hire out을 쓴다.

He hired out bicycles by the hour.
　　그는 1시간 단위로 자전거를 빌려준다.

2

뜻을 구분해야 하는 숙어

| 159 | **act on** | …에 따라 행동하다 |
| 160 | **act for** | …의 대리역을 하다 |

▶ I will *act on* your advice.
나는 네 충고에 따라 행동할 것이다.
▶ I *acted for* him. 나는 그의 대리역을 했다.

참고　　**act as** …로 역할을 하다(as 뒤에는 무관사가 원칙)
He *acted as* guide. 그는 안내인 일을 했다.

| 161 | **adapt oneself to** | …에 적응하다 |
| 162 | **attach oneself to** | …에 집착하다, …에 애착을 가지다 |

▶ He *adapted himself to* a new environment.
그는 새로운 환경에 적응했다.
▶ She *attached herself to* her teacher.
=She was attached to her teacher.
그 여자는 선생님을 사모했다.

| 163 | **agree to** | (의견, 제안 등에) 동의하다 |
| 164 | **agree with** | (사람에) 동의하다. |

▶ I can not *agree to* your proposal.
나는 네 제안에 동의할 수 없다.
▶ I can not *agree with* you on this point.
나는 이점에서 너에게 동의할 수 없다.

NOTE ● **agree to** …**ing** …동의하다.
She *agreed to* my gett*ing* married. 그녀는 내 결혼에 동의했다.

| 165 | **answer for** | …에 책임을 지다. |
| 166 | **answer to** | …에 일치하다. |

▶ I will *answer for* the result.
나는 그 결과에 책임을 질 것이다.
▶ His features *answer to* the description.
그의 모습은 묘사한 것과 딱 들어맞는다.

[주의] **answer to me** (나에게 대답하다)와 같은 자동사용법은 **an-swer me**처럼 타동사적으로 사용하는 것이 보통이다.

| 167 | **apply for** | …을 신청하다. |
| 168 | **apply …to…** | …을 ---에 적용하다. |

▶ He came to *apply for* a position.
그는 일자리에 응모하게 되었다.
▶ He *applied* this rule *to* the case.
그는 이 규칙을 그 경우에 적용했다.

NOTE ● **apply …to…ing** : …을 ---하는데 전념하다.
Are you *applying* your mind *to doing* the work?
너는 그 일을 하는데 전념하고 있느냐?

| 169 | **arm in arm** | 팔장을 끼고 |
| 170 | **hand in hand** | 손을 맞잡고, 협력하여 |

▶ Two girls are walking *arm in arm.*
두 소녀가 팔짱을 끼고 걷고 있다.
▶ Practice should go *hand in hand* with theory.
실제는 이론과 제휴되어야만 한다.

참고 face to face 얼굴을 맞대고

| 171 | **as a whole** | 총괄하여, 전체로서 |
| 172 | **on the whole** | 대체로 |

▶ The climate of Korea is mild *as a whole.*
한국의 기후는 전체적으로 온난하다.
▶ My opinion is *on the whole* the same as yours.
내 의견을 대체적으로 네 의견과 같다.

[주의] 관사의 사용에 주의할 것

| 173 | **at a distance** | 약간 떨어져서 |
| 174 | **in the distance** | 저 멀리, 먼 곳에 |

▶ Oil paintings show to advantage *at a distance.*
유화는 약간 떨어진 곳으로 더 잘 보인다.

▶ I saw a glimmer of light *in the dstance.*
나는 멀리서 희미한 불빛을 보았다.

NOTE ● **from a distance** 멀리서

175	**at a time**	한꺼번에 한번에
176	**at times**	때때로
177	**for a time**	일시적으로, 임시로

〈동의어〉 at times＝sometimes

▶ Do one this *at a time.* 한번에 한가지 일을 하시오.
▶ *At times* we go for a drive. 때때로 우리는 드라이브를 간다.
▶ He stayed in New York *for a time.*
그는 잠시 뉴욕에 머물렀다.

[주의]　**time**의 수와 관사 유무에 주의할 것.

178	**at first**	처음에는
179	**for the first time**	처음으로

▶ *At first* I could not understand what he said.
처음에 나는 그가 말한 것을 이해할 수 없었다.
▶ I visited Rome *for the first time* in my life.
나는 생애 처음으로 로마를 방문했다.

참고　**in the first place** 우선, 무엇보다도

180	**at hand**	바로 가까이에, 곧
181	**in hand**	손에 넣고, 지배(보호)하에 연구중인

▶ The examination is near *at hand.* 시험이 멀지 않았다.
▶ The question *in hand* is very important.
검토중인 문제는 매우 중요하다.

참고　**out of hand**　힘에 겨워, 즉시
　　　off hand　준비없이, 즉석에서

| 182 | **at one's best** | 전성기에, 최선의 상태에 |
| 183 | **in one's best** | 좋은 옷을 입고 |

▶ The cherry blossoms are *at their best* now.
지금 벚꽃이 만발해 있다.
▶ My daughter is glad to be *in her best*.
내 딸은 좋은 옷을 입고 기뻐하고 있다.

| 184 | **at the top of** | …의 꼭대기에 |
| 185 | **on(the) top of** | …의 위에, …에 더하여 |

▶ I ran *at the top of* the speed. 나는 전속력으로 달렸다.
▶ Put the book *on top of* the others.
그 책을 다른 책들 위에 놓으십시요.

NOTE ● **the others**는 나머지 것(사람)이란 뜻이다.
Six of them are mine, *the others* are Jim's
그중 여섯개는 내것이고, 나머지는 짐의 것이다.

| 186 | **attend to** | …에 몰두하다, …에 주의하다. |
| 187 | **attend on** | …을 시중들다. |

▶ *Attend to* your studies. 네 공부에 열중해라.
▶ The patient had two nurses to *attend on* him.
그 환자는 두 명의 간호사가 시중들고 있다.

참고 **attend at** …에 참석하다.(형식적인 표현이어서 주로 타동사 attend가 주로 쓰인다).
We didn't *attend at* the meeting.
우리는 모임에 참석하지 않았다.

| 188 | **be anxious about** | …을 걱정하다. |
| 189 | **be anxious for** | …을 갈망하다. |

▶ I am *anxious about* my son's safety.
나는 내 아들의 안전을 걱정한다.

▶ They are *anxious for* wealth. 그들은 부를 바란다.

 I *am anxious that* he (should) come soon.
=I am anxious for him to come soon.
나는 그가 곧 오기를 기대한다.

190	**be better off**	전보다 더 잘 지내다
191	**be good for**	…에 효과가 있다

▶ She *is* much *better of* than before.
그녀는 전보다 훨씬 더 잘 지낸다.
▶ This medicine *is good for* a cold.
이 약은 감기에 특효이다.

NOTE ● **be the better for** …때문에 오히려 낫다

192	**be certain of**	…을 확신하다.
193	**be certain to**	반드시 …하는

▶ I *am certain of* success. 나는 성공을 확신한다.
▶ He *is certain to* come.
=It is certain that he comes. 그는 반드시 온다.

[주의] 이때 it는 가주어이다.

194	**be concerned about**	…을 걱정하다.
195	**be concerned with/in**	…에 관계가 있다.

〈동의어〉 concern oneself about …을 걱정하다

▶ I *am concerned about* his illness.
나는 그의 병을 걱정한다.
▶ I *am* not *concerned with* it.
나는 그것과 관계가 없다.

NOTE ● **so for as I am concerned** 나에 관한한

196	**be familiar with**	(+사람) 잘 알고 있는
197	**be familiar to**	(+사물) 정통한, 잘 알려진, 낯익은

▶ I *am familiar with* his father.
나는 그의 아버지와 친분이 있다.

▶ I *am* not *familiar with* this city.
나는 이 도시를 잘 모른다.

▶ His name *is* quite *familiar to* us.
그의 이름은 우리에게 상당히 알려져 있다.

198	**be hard upon/on**	(사람을) 구박하다.
199	**be hard up**	(돈이) 쪼들리다.

▶ Don't *be hard upon* the child. 아이를 구박하지 마라.

▶ He *is* always *hard up* a few days after the payday.
그는 급여일에서 며칠 지나지 않아 항상 돈에 쪼들린다.

[주의] **hard**는 자체로 부사로 쓰이는 단어이다. hardly(거의 …아니
다)와 혼돈하지 말것
Hit it *hard*. 그것을 세게 쳐라.
He *hardly* works at all. 그는 거의 일하지 않는다.

200	**be impatient for**	…을 안타깝게 기다리다
201	**be impatient of**	…을 못견디다.
202	**be impatient to**	(＋동사원형) 몹시 …하고 싶어하다.

▶ I *am impatient for* his arrival.
나는 그의 도착을 학수고대한다.

▶ The boys *are impatient to* go home.
소년들은 집에 돌아가고 싶어한다.

▶ I *am impatient of* any kind of restraint.
나는 어떤 속박에도 못견딘다.

203	**be possessed of**	…을 소유하다.
204	**be possessed with/by**	…에 사로잡혀 있다.

▶ He *is possessed of* great wealth.
=He has great wealth. 그는 많은 재산을 가지고 있다.

▶ She seems to *be possessed with* an evil spirit.
그는 악령에 사로잡혀 있는듯 하다.

NOTE ● What *possessed* her *to* act like that?
무엇이 그녀로 하여금 그렇게 행동하게 했을까?

| 205 | **be sure of** | …을 확신하다. |
| 206 | **be sure to＋동사원형** | 반드시 …하다. |

▶ He *is sure of* his success. 나는 그의 성공을 확신한다.
▶ He *is sure to* succeed in his business.
그는 틀림없이 사업에서 성공할 것이다.

참고 I *am sure that* he will come. 나는 그가 오리라고 확신한다.

| 207 | **be tired of** | …에 싫증나다 |
| 208 | **be tired from** | …으로 피곤하다 |

〈동의어〉 1) be weary of 2) be weary with

▶ I *am tired of* his complaint. 나는 그의 불평에 싫증이 난다.
▶ I *am tired from* walking. 나는 걸어서 피로하다.

NOTE ● **tired from 대신에 tired with를 사용할 수도 있다.**
I am *tired with* working too hard.
너무 일을 많이해서 피로하다.

| 209 | **become of** | (의문사 what을 주어로 하여) …이 (어떻게) 되다 |
| 210 | **come of** | …에서 기인하다. |

▶ What will *become of* us if a war breaks out?
전쟁이 터지면 우리는 어떻게 될까?
▶ Poverty *comes of* idleness. 빈곤은 나태에서 오는 것이다.

| 211 | **behind time** | 정각보다 늦게 |
| 212 | **behind the times** | 시대에 뒤떨어진 |

▶ The bus arrived 10 minutes *behind time.*
버스는 정각보다 10분 늦게 도착했다.
▶ Our directors are *behind the times.*
우리 지도자들은 시대에 뒤떨어져 있다.

[주의] 명사 time에 붙는 관사의 유무에 따른 의미변화이다.

213	**break out**	(전쟁, 화재 등이) 발생하다.
214	**break into**	…에 침입하다.

▶ War *broke out* between the two countries.
전쟁이 그 두 나라 사이에 터졌다.
▶ A burglar *broke into* his house last night.
어제밤 그의 집에 강도가 들어왔다.

[참고] **break in on** …에 끼어들다
Don't *break in on* the conversation.
이야기하는데 끼어들지 마라.

215	**brush up**	(어학 등을) 다듬다, 손질하다.
216	**brush off**	…을 털어버리다.

▶ You must *brush up* your English before going to England.
영국으로 가기 전에 네 영어실력을 다시 점검해야 한다.
▶ *Brush off* the dust outside.
밖에서 먼지를 털어내라

217	**burst into**	갑자기 …하다.
218	**burst out**	(전쟁, 혁명) 발발하다, 갑자기 …하기 시작하다.

▶ She *burst into* tears at the news.
그녀는 그 소식에 갑자기 울기 시작했다.
▶ A revolution *burst out* in Africa.
혁명이 아프리카에서 일어났다.
▶ He *burst out* laughing when he saw her.
그는 그녀를 보자 갑자기 웃음을 터뜨리기 시작했다.

[참고] **burst with** …으로 가득하다.
His head was *bursting with* ideas.
그의 머리는 아이디어로 가득하다.

| 219 | **by force** | 강제로 |
| 220 | **in force** | 유효한 |

〈동의어〉 in effect

▶ He took the money from me *by force.*
그는 내게서 강제로 그 돈을 가져갔다.
▶ The argument is still *in force.* 그 계약은 여전히 유효하다.

참고　　**by (the) force of** …힘으로
　　　　come into force (법이)시행되다

221	**by oneself**	홀로, 혼자서
222	**for oneself**	혼자 힘으로, 스스로
223	**of oneself**	저절로

▶ She stayed at home *by herself.*
그녀는 혼자 집에 머물렀다.
▶ I wrote this composition *for myself.*
나는 내 혼자 힘으로 이 글을 썼다.
▶ He awoke *of himself.* 그는 저절로 잠에 깨어났다.

참고　　**in itself** 본래

| 224 | **call at** | (집을) 방문하다. |
| 225 | **call on** | (사람을) 방문하다. |

▶ Please *call at* my office at seven.
7시에 내 사무실을 방문해주십시오.
▶ He will *call on* me next Sunday.
그는 다음 일요일에 나를 방문할 것이다.

[주의]　　**visit**는 사람이나 장소에 관계없이 사용된다.

| 226 | **carry on** | 계속 진행하다 |
| 227 | **carry out** | 실행하다. |

〈동의어〉 1) continue

▶ I *carried on* my work though I had a fever.
열이 있어도 나는 내 일을 계속 진행했다.
▶ I can not *carry out* this plan.
나는 이 계획을 실행할 수 없다.

228	**catch at**	붙잡으려고 하다.
229	**catch on**	유행하다.

▶ My jacket *caught on* a nail. 자켓이 못에 걸렸다.
▶ The song has *caught on* well.
그 노래는 무척 유행하고 있다.

참고   He *caught* me *by* the arm. 그는 내 팔을 잡았다.

230	**catch fire**	불붙다.
231	**make (a) fire**	불을 지피다.

▶ Wooden house *catch fire* quite easily.
나무집은 아주 쉽게 불이 붙는다.
▶ We *made fire* to roast beef.
우리는 고기를 굽기 위해 불을 지폈다.

참고   **put out the fire** 불을 끄다
It took two hours to *put out the fire*.
그 불을 끄는데 두 시간 걸렸다.

232	**clear away**	(식탁 위의 것을) 치우다.
233	**clear out**	청소하다.

▶ Will you *clear away* all the table?
테이블 위의 것을 모두 치워주시겠습니까?
▶ My mother is *clearing out* the refrigerator.
어머니는 지금 냉장고를 청소하고 계신다.

234	**close up**	…을 닫다, 결말 짓다.
235	**be close on/upon**	…에 가깝다.

▶ Please *close up* the door and lock it. 문을 닫고 잠그십시요.

▶ He *is close upon* sixty. 그는 60세에 가깝다.

[주의] **close**가 동사로 쓰일 경우와 형용사로 쓰일 경우를 구별할 수
있어야 한다.

| 236 | **come along** | (명령문에서) 따라와, 자 빨리. |
| 237 | **come over** | 엄습하다. |

▶ *Come along*, we haven't got much time?
자, 빨리 우리에겐 시간이 얼마 없다.
▶ A fit of chilliness *came over* me. 오한이 나를 엄습했다.

[주의] **come along**이 명령문에서만 쓰이는 것은 아니다. 평서문에서
는 주로 전치사 **with**와 함께 쓰여 '…와 동행하다'는 뜻이 된다.
I'm going to a party tonight. Will you *come along with* me?
난 오늘 밤 파티에 갈거야, 너도 나랑 같이 가겠니?

| 238 | **come to an end** | 끝나다, 마치다. |
| 239 | **put an end to…** | …을 끝내다. |

▶ His long story has finally *come to an end*.
그의 긴 이야기가 마침내 끝을 맺었다.
▶ We *put an end to* hear talk.
우리는 그녀의 이야기를 끝맺게 했다.

NOTE ● 이 두 숙어는 의미의 차이라기 보다는 쓰이는 문장 형식에서
차이를 보이고 있다.

| 240 | **compare… to…** | …을 ---에 비유하다. |
| 241 | **compare… with…** | …을 ---과 비교하다. |

▶ Life is often *compared to* voyage.
종종 인생은 여행에 비유된다.
▶ Let's *compare* England *with* Japan.
영국과 일본을 비교해 봅시다.

NOTE ● 자동사로 사용될 때에는 주로 부정구문에서 compare with(…
에 필적하다, 비교되다)로 사용된다.

His words don't *compare with* his deeds.
그의 말은 그의 행동과 일치하지 않는다.

242	**consist in**	…에 있다.
243	**consist of**	…로 구성되다

〈동의어〉 1) lie in 2) be composed of

▶ Happiness *consists in* contentment. 행복은 만족에 있다.
▶ Our class *consists of* 50 boys.
　우리 학급은 50명의 남자 아이로 되어 있다.

NOTE ● Health *consists with* temperance. 건강은 절제와 양립한다.

244	**correspond to**	…에 해당하다, 대응하다.
245	**correspond with**	…와 편지 왕래하다.

▶ Wine in France *corresponds to* 'soju' in Korea.
　프랑스의 포도주는 한국의 소주에 해당한다.
▶ He wishes to *correspond with* her.
　그는 그 여자와 서신왕래를 하고 싶어한다.

参고　His words and actions do not correspond.
　＝His words do not correspond with his actions.
　그의 언행은 일치하지 않는다.

246	**deal in**	장사하다.
247	**deal with**	다루다, 취급하다.

▶ He *deals in* silk. 그는 실크 장사를 한다.
▶ I will *deal with* this problem. 나는 이 문제를 다룰 것이다.

NOTE ● **deal with a person in an article.** '…을 상대로 …을 장사하다'

248	**die from**	(부상 등의 원인으로) 죽다
249	**die of**	(질병 등의 원인으로) 죽다

▶ He *died from* a serious wound.
　그는 심한 부상으로 죽었다.

▶ He *died of* lung cancer. 그는 폐암으로 죽었다.

참고　die of hunger/thirst　기아/갈증으로 죽다.
　　　die from overwork　과로로 죽다.
　　　die by violence　폭력에 의해 죽다.

250　**do with**　(의문사 what과) …을 처리하다.
251　**do without**　…없이 때우다.

▶ Tell me what to *do with* it.
그것을 어떻게 처리해야 하는지 말해주시오.
▶ I can not *do without* this dictionary.
이 사전 없이는 지낼 수 없다.

NOTE ● do with는 쓰이는 문장 형식에 따라 다양한 의미를 갖는다.
위에서 본대로 의문사 what을 수반하는 경우 이외에도,
(can, can not과 함께) …을 참고 견디다.
I *can't do with* the way he speaks.
나는 그의 말투를 참을 수 없다.
(가정법 could와 함께) …했으면 좋겠다.
I *could do with* a shave. 면도를 했으면 좋겠다.

252　**face to face**　얼굴을 맞대고
253　**in one's face**　정면으로

▶ We stood *face to face.* 우리는 얼굴을 맞대고 섰다.
▶ We had the wind *in our face.*
우리는 정면으로 바람을 맞았다.

참고　**in the face of** …에 거슬러, …에도 아랑곳없이
He remained calm *in the face of* such obvious danger.
그는 눈에 닥쳐온 위험에도 아랑곳없이 침착했다.

254　**feed… on…**　…에게 (먹을 것으로) …을 주다.
255　**feed… with…**　…에 …을 공급하다.

▶ He *feeds* his horse *on* corn and beans.
＝He feeds corn and beans to his horse.

그는 말에게 옥수수와 콩을 준다.
▶ We *fed* a stove *with* coal. = We fed coal to a stove.
우리는 난로에 석탄을 넣었다.

NOTE ● 첫번째 뜻에서 목적어로는 주로 동물이 사용된다.
feed가 자동사로 쓰이면, Cows *feed on* grass 소는 풀을 먹고
산다

| 256 | **find one's way** | 길을 찾아가다. |
| 257 | **have one's (own) way** | 자기 뜻대로 하다. |

▶ Can you *find your way* back to the hotel?
너는 호텔로 돌아가는 길을 찾을 수 있느냐?
▶ You can not always *have your own way.*
항상 네 마음대로 할 수 있는 것은 아니다.

258	**for(all) the world**	결코…아니다.
259	**in the world**	세상에서,
		(의문사 뒤에서) 도대체

▶ I wouldn't do such a silly thing *for all the world.*
나는 결코 그렇게 바보같은 짓은 하지 않을 것이다.
▶ What *in the world* are you concerned about?
너는 도대체 무엇을 걱정하는 것이냐?
▶ He is the richest man *in the world.*
그는 세상에서 제일 부자이다.

NOTE ● **in the world**도 부정문에서 쓰여 〈결코 …이 아니다〉는 뜻을
가질 수 있다.
I have no money *in the world.* 나는 돈이 한 푼도 없다.

| 260 | **from among** | …중에서(부터) |
| 261 | **from behind** | …뒤에서(부터) |

▶ He chose her *from among* many girls.
그는 많은 여자 중에서 그녀를 선택했다.
▶ He cried *from behind* the door. 그는 문 뒤에서 소리쳤다.

| 262 | **(live) from hand to mouth** | 근근히 살아가다. |
| 263 | **from head to foot** | 머리에서 발끝까지, 온통 |

▶ He lives *from hand to mouth.*
그는 근근히 살아간다.(하루 일해 하루 먹고 산다.)
▶ We got wet *from head to foot.* 나는 온 몸이 젖었다.

| 264 | **go abroad** | 외국에 가다. |
| 265 | **get abroad** | (소문 등이) 퍼지다. |

▶ He *went abroad* to study music at the age of twenty.
그는 20살에 음악을 공부하러 외국에 갔다.
▶ Word *got abroad* that he was dead.
그가 죽었다는 말이 퍼졌다.

NOTE ● 예문에서 that—절은 word와 동격이다.

| 266 | **go in** | …에 들어가다 |
| 267 | **go in for** | …에 열중하다, (시험을) 치르다. |

▶ He *went in* at the gate. 그는 대문을 열고 들어갔다.
▶ He *went in for* baseball. 그는 야구에 열중했다.
▶ I will *go in for* the entrance examination next year.
나는 내년에 입학시험을 치를 것이다.

참고 **go in on** …에 가담하다

| 268 | **hand in** | …을 제출하다 |
| 269 | **hand over** | …을 넘겨주다 |

〈동의어〉 submit

▶ I must stop him from *handing in* his resignation
나는 그가 사직서 내는 것을 막아야만 한다.
▶ He *handed over* the business to his successor.
그는 사업을 후계자에게 물려주었다.

  hand down to …에 전하다.
stop A from −ing : A에게 −하는 것을 그만두게 하다
Who can *stop* her *from* behaving like that?
누가 그녀의 그런 행동을 막을 수 있을까?

270 **have an ear for** …을 알아듣다.
271 **turn a deaf ear to** …을 들으려 하지 않다,
　　　　　　　　　　　　마이동풍이다.

▶ I don't *have an ear for* contemporary music.
나는 요즘 음악을 이해할 수 없다.
▶ He *turned a deaf ear to* my advice.
그는 내 충고를 들으려 하지 않았다.

272 **have an eye to** …에 눈독들이다.
273 **keep an eye on** …을 감시하다, 지켜보다.

▶ He *had an eye to* her property.
그는 그 여자의 재산에 눈독을 들였다.
▶ *Keep an eye on* the baby. 아기에게서 눈을 떼지마라

참고 **lay eyes on** …에 시선을 고정시키다.

274 **have credit at** …에 예금이 있다.
275 **have credit with** …에 신용이 있다.

▶ I *have credit at* the bank. 나는 그 은행에 예금이 있다.
▶ He *has credit with* the minister.
= The minister credits him.
그는 장관의 신임을 받고 있다.

참고 **have a credit for** …라는 평판을 받다

276 **hear from** …로부터 소식을 듣다.
277 **hear of** …의 소식을 듣다.

▶ Have you *heard* anything *from* him?
그에게서 무슨 소식을 들었습니까?

▶ I have *heard* nothing *of* him
그에게 대해 들은 것이 아무 것도 없다.

NOTE ● **hear of**는 부정문에서 '…에 찬성하다'는 특별한 의미를 갖는다.
I will not *hear of* your going.
나는 네가 가는 것을 찬성하지 않는다.

278	**hold/catch one's breath**	숨을 죽이다.
279	**breathe one's last**	숨을 거두다.

▶ We *held our breath* in excitement.
우리는 흥분해서 숨을 죽였다.
▶ He *breathed his last* this morning.
그는 오늘 아침 숨을 거두었다.

[주의]　**breathe**[bri:ð](호흡하다)와 **breath**[breθ] (호흡)의 발음차이를 기억해두어야 한다.

280	**in charge of**	…의 책임인, …을 맡고 있는
281	**on charge of**	…의 혐의로

▶ Mr. Brown is *in charge of* our class.
브라운 씨가 우리 학급을 맡고 있다.
▶ He was brought to trial *on charge of* murder.
그는 살인죄로 재판을 받게 되었다.

参考　**the teacher in charge** 담임교사

282	**in demand**	수요가 있는
283	**on demand**	요구대로

▶ His book is always *in* great *demand*.
이 책은 언제나 큰 수요가 있다.
▶ He showed his passport *on demand*.
그는 요구에 따라 여권을 보여주었다.

NOTE ● **in demand**는 주로 be 동사와 함께 쓰인다.

| 284 | **in good health** | 건강한 |
| 285 | **in good humour** | 기분이 좋은 |

〈반의어〉 out of humour 기분이 언짢아

▶ He is *in good health* now. 그는 지금 건강이 좋다.
▶ His parents were *in good humour* when they met ˡ· him. 그의 부모는 그를 만나면 기분이 좋았다.

| 286 | **in (one's) life** | 생전에 |
| 287 | **for life** | 일생의, 종신의 |

▶ He was a Buddhist *in life*. 그는 생전에 불교신자였다.
▶ Bad handwriting is a handicap *for life*.
악필은 일생의 결점이다.

| 참고 | **imprisonment for life** 종신징역 |

| 288 | **in one's way** | …의 방해가 되다, 전공인 |
| 289 | **in the way of** | …의 방해가 되다, …의 점에서 |

▶ Don't stand *in my way*. 내가 가는 길을 막지마라.
▶ Physics is not *in his way*. 물리학은 그의 전공이 아니다.
▶ Great difficulties stood *in the way of* his success.
커다란 난관들이 그의 성공을 막고 있다.
▶ There is nothing remarkable *in the way of* scenery.
경치로는 뚜렷이 볼만한 것이 없다.

| 290 | **(in) these days** | 요즈음 |
| 291 | **in those days** | 그 당시 |

▶ *In these days* the number of small cars is rapidly increasing. 요즈음에는 소형차들이 급속도로 증가하고 있다.
▶ Prices were much lower *in those days*.
그 당시 물가는 훨씬 더 낮았다.

[주의] **in these days**는 현재, **in those days**는 과거시제와 주로 쓰인다.

| 292 | **in time** | 때를 맞춰 |
| 293 | **on time** | 정시에 |

▶ He came *in time* to rescue me.
그는 때에 맞추어 나를 구출하러 왔다.
▶ The plane took off exactly *on time*.
비행기는 정시에 정확하게 이륙했다.

참고　**out of time**　제철이 아닌, 늦어서
　　　of the time　당시의, 그 시절의

| 294 | **inquire of** | …에게 묻다. |
| 295 | **inquire into** | …를 조사하다. |

▶ I *inquired of* him about the matter.
=I inquired the matter of him.
나는 그 문제에 대해 그에게 물었다.
▶ We *inquire into* the cause of the accident.
우리는 그 사고의 원인을 조사했다.

참고　**inquire after＝ask after** …의 안부를 묻다.

| 296 | **keep away…(from…)** | …을(…에) 접근시키지 않다. |
| 297 | **keep off** | 접근하지 못하게 하다. |

▶ *Keep* a child *away from* fire.
어린이가 불에 가까이 가지 못하게 하라.
▶ *Keep off* the grass. 잔디에 들어가지 마시오.

참고　**keep A from －ing** : A에게 －못하게 하다
The heavy rain *kept* us *from* going out.
비가 많이 와서 우리는 외출할 수 없었다.
cf. I'm sorry to have *kept* you wait*ing* so long.
당신을 그렇게 오래 기다리게 해서 죄송합니다.

| 298 | **keep (in) touch with** | …와 접촉을 유지하다. |
| 299 | **come into contact with** | …와 접촉하다, 만나다 |

▶ He has always *kept in touch with* English public opinion. 그는 항상 영국의 여론과 접촉을 유지했다.
▶ I like *coming into contact with* various types of people. 나는 다양한 유형의 사람들과 접해보기를 좋아한다.

| 300 | **know of** | …에 대해 들어서 알고 있다. |
| 301 | **know… from…** | …와 …을 구별하다. |

▶ I *know of* such a dictionary.
나는 그런 사전에 대해 들어서 알고 있다.
▶ You should *know* right *from* wrong.
너는 선악을 구별할 줄 알아야만 한다.

NOTE ● **There in no knowing…** …을 알 도리가 없다.
There is no knowing what troubles we shall have.
어떤 귀찮은 일이 일어날지 알 도리가 없다.

| 302 | **leave…to** | (사람에게) …을 맡기다. |
| 303 | **leave… with** | (사람에게) …을 전하다. |

▶ He *leaves* such decisions *up to* me.
그는 그런 결정을 나에게 맡긴다.
▶ I *left* a message *with* the receptionist.
나는 접수계에 메세지를 남겼다.

NOTE ● **be left with** 결과로 …한 상태가 되다
I *was left with* utter confusion 결국 나는 극도로 당황했다.
* **leave …with**의 수동구문형태와 정확히 구별할 수 있어야
한다.

| 304 | **lose oneself** | 길을 잃다. |
| 305 | **lose oneself in** | …에 열중하다. |

〈동의어〉 be lost in …에 열중하다

▶ I *lost my self* in the woods.
나는 숲 속에서 길을 잃었다.
▶ She *lost herself in* the book. 그녀는 책에 푹 빠졌다.

306	**make··· from**—	—으로 ···을 만들다(화학적 변화)
307	**make··· of**—	—으로 ···을 만들다(물리적 변화)
		—을 ···으로 만들다(사람의 경우)

- ▶ They *make* wine *from* grapes. 포도로 와인을 만든다.
- ▶ I *made* a desk *of* wood.
  나는 나무로 책상을 만들었다.
- ▶ He *made* a doctor *of* his son.
  그는 아들을 의사로 만들었다.

[참고] Milk is made *into* butter or cheese. 우유로 버터나 치즈가 만들어진다.

| 308 | **on all accounts** | 어떤 일이 있어도,
모든 점에서 |
| 309 | **on no account** | 아무리 해도 ···않다. |

〈동의어〉 on every account/not on any account

- ▶ I must invite her to dinner *on all accounts*.
  나는 어떤 일이 있어도 그 여자를 저녁 식사에 초대해야만 한다.
- ▶ It is best to do so *on all accounts*.
  모든 점에서 그렇게 하는 것이 가장 좋다.
- ▶ *On no account* associate with him.
  절대로 그와는 사귀지 말아라.

[참고] **on account of** ···때문에(=**because of, owing to**)
On account of the storm, the ship could not set sail.
폭풍우 때문에 그 배는 출항할 수 없었다.

| 310 | **on one's (own) account** | ···의 셈으로, ···을 위하여 |
| 311 | **on this account** | 이 때문에 |

- ▶ He started business *on his own account*.
  그는 자기만의 계산으로 사업을 시작했다.
- ▶ He had to give up his study *on this account*.
  이것 때문에 그는 공부를 포기해야만 했다.

| 312 | **on the air** | 방송중인 |
| 313 | **in the air** | 공중에 |

〈반의어〉 off the air (방송이 중단된)

▶ What's *on the air* this evening?
오늘 저녁 무엇이 방송되느냐?
▶ I wish I could fly *in the air.* 나는 공중에 날 수 있으면…

NOTE ● **on air** 의기양양하게

| 314 | **on the contrary** | 이에 반하여, 도리어 |
| 315 | **to the contrary** | 그와는 반대로 |

▶ I thought it was going to rain. *on the contrary*, it cleared up. 나는 비가 올것이라고 생각한다. 그런데 그러기는 커녕 날씨가 개었다.
▶ I wanted to say something *to the contrary.*
나는 그와는 반대되는 무엇을 말하고 싶었다.

| 316 | **on the way** | 도중에 |
| 317 | **in the way** | 방해가 되는 |

▶ I took a bus *on the way* back.
나는 돌아오는 길에 버스를 탔다.
▶ This is the only thing *in the way*
이것이 방해가 되는 유일한 것이다.

| 318 | **out of mind** | 잊게 되는 |
| 319 | **out of one's mind** | 미친 |

▶ Out of sight, *out of mind.* 보지 않으면 잊게 된다.
▶ He was either drunk or *out of his mind.*
그는 취했거나 미쳤거나 둘 중 하나였다.

NOTE ● **put on in the mind for＋동명사** '사람에게 …을 생각나게 하다.'
put …out of one's mind '…을 잊다'

| 320 | **out of question** | 확실한 |
| 321 | **out of the question** | 문제가 되지 않는, 논외의 |

> ▶ His honesty is *out of question.* 그의 정직성은 확실하다.
> ▶ Such a talk is completely *out of the question.*
> 그런 말은 완전히 논외의 것이다.

[주의] 관사의 유무에 주의할 것.

| 322 | **out of the way** | 방해가 되지 않는 곳에 |
| 323 | **under way** | 진행중인 |

〈반의어〉 in the way 방해가 되는

> ▶ Please keep your baggage *out of the way.*
> 짐을 방해가 되지 않는 곳에 놓아 주십시요.
> ▶ The building of the new school is *under way.*
> 새 학교의 건축이 진행중에 있다.

| 324 | **part from** | …과 헤어지다 |
| 325 | **part with** | …을 버리다, 처분하다 |

> ▶ He tearfully *parted from* his brothers.
> 그는 슬프게도 형제들과 헤어졌다.
> ▶ I *parted with* my car. 나는 내 차를 버렸다.

참고 **part company with** …와 결별하다

NOTE ● We parted best of friends
  =When we parted, we were best of friends
  우리는 최고의 친구사이로 헤어졌다.

| 326 | **pass by** | 옆을 지나가다, (시간이) 지나가다 |
| 327 | **pass for** | …로 통하다 |

〈동의어〉 pass as …로 통하다

> ▶ I *pass by* her house on my way to school.
> 나는 학교 가는 길에 그녀의 집을 지나간다.

▶ He *passed for* a learned man in his village.
그는 그의 마을에서 학식있는 사람으로 통했다.

328	**provide for**	을 준비하다, 대비하다
329	**provide … with —**	…에게 —을 공급하다

▶ We must *provide for* our old age.
우리는 노년을 준비해야만 한다.
▶ He *provided* his son *with* a good education.
= He provided his son a good education.
= He provided a good education for his son.
그는 아들에게 좋은 교육을 시켰다.

[주의] 3형식 문장과 4형식 문장의 교환을 잘 파악할 것.

330	**pull out**	(이를)뽑다, (열차가) 역을 출발하다
331	**pull up**	(차가) 멈추다, 잡아뽑다, 근절하다

▶ The train was ready to *pull out*.
기차는 역을 출발할 준비가 되어 있었다.
▶ I had one of my teech *pulled out* at the dentist.
나는 치과에서 이빨 하나를 뽑았다.
▶ Let's *pull up* at the next service station.
다음 휴게소에서 차를 멈춥시다.
▶ I *pulled up* a tree.
나는 나무를 뽑아버렸다.

332	**result from**	…로부터 결과하다
333	**result in**	(결국) …으로 끝나다

▶ Diseases often *result from* poverty.
질병은 가끔 빈곤에서 생긴다.
▶ The plan *resulted in* failure.
그 계획은 결국 실패로 돌아갔다.

[주의] **result**는 자동사이므로 수동구문은 나올 수 없다.

| 334 | **run into** | …과 충돌하다 |
| 335 | **run over** | (차가 사람을) 치다 |

〈동의어〉 run againt …과 충돌하다

▶ The two cars *ran into* each other.
자동차 두대가 서로 충돌했다.
▶ She was *run over* by the car. 그녀는 자동차에 치였다.

NOTE ● **run into** …을 만나다
If you *run into* my friend, be sure to say "hellow" to him for me. 만약 내 친구를 만나게 되면, 나를 대신해 안부를 전해다오.

| 336 | **scores of** | 많은, 수십의 |
| 337 | **thousands of** | 많은, 수천의 |

▶ I tried *scores of* times. 나는 수십 번씩이나 시도했다.
▶ *Thousands of* musicians took part in the contest.
수천 명의 음악가들이 콘테스트에 참가했다.

NOTE ● **score**는 수의 개념으로 '20'을 의미하며, 항상 복수로 쓰인다.

| 338 | **search into** | …을 조사하다 |
| 339 | **search out** | …을 찾아내다 |

▶ The police are *searching into* the cause of the accident. 경찰은 그 사고의 원인을 조사중이다.
▶ I will *search out* the truth. 나는 진실을 찾아낼 것이다.

참고 **in search of** …을 찾아(서)
search는 아무런 전치사 없이 타동사로 〈수색하다〉는 뜻을 갖는다.
They *searched* everybody's luggage.
그들은 모든 사람의 짐을 뒤졌다.

| 340 | **side by side** | 나란히 |
| 341 | **step by step** | 한 걸음씩, 차근차근 |

〈동의어〉 gradually 차근차근

▶ My son and I walked *side by side.*
내 아들과 나는 나란히 걸었다.
▶ You must learn English *step by step.*
너는 영어를 차근차근 배워야만 한다.

| 342 | **succeed in** | …에 성공하다 |
| 343 | **succeed to** | …을 계승하다 |

▶ He *succeeded in* passing the examination.
그는 시험에 합격했다.
▶ He *succeeded to* his uncle's money.
그는 삼촌의 재산을 물려받았다.

참고　**succeed as** ＋직위 …을 계승하다
On Kennedy's death, Johnson *succeded as* President.
케네디가 죽은 후 존슨이 대통령 직을 계승했다.

| 344 | **talk of** | …에 관하여 말하다 |
| 345 | **talk to** | …에게 말을 걸다 |

▶ *Talk of* the devil, and he is sure to come.
호랑이도 제 말하면 온다.
▶ I have no one to *talk to.*
나에게는 이야기를 나눌 상대가 없다.

[주의]　**talk about＋명사/talk of＋명사/동명사**
What are you *talking about*? 무엇에 관해 이야기하십니까?
He *talks of* going to Africa.
그는 아프리카에 갈 생각이라고 말한다.

| 346 | **to no purpose** | 전연 헛되이 |
| 347 | **to little purpose** | 거의 헛되이 |

▶ We made a suggestion *to no purpose.*
우리는 제안을 했지만 헛 일이었다.
▶ We negociated with him *to little purpose.*
그와 협상을 해보았지만 거의 성과는 없었다.

<table>
<tr><td>348</td><td>up and down</td><td>이러저리, 오르락 내리락</td></tr>
<tr><td>349</td><td>ups and downs</td><td>(인생의) 흥망성쇠</td></tr>
</table>

▶ I walked *up and down* in the building.
나는 건물 안에서 오르락 내리락했다.
▶ Everybody has his *ups and downs.*
모두가 흥망성쇠를 겪는다.

[주의] **up and down**은 부사, **ups and downs**는 명사이다.

<table>
<tr><td>350</td><td>used to ＋동사원형</td><td>종종 …하곤 했다.</td></tr>
<tr><td>251</td><td>be used to ＋동명사</td><td>…하는데 익숙하다</td></tr>
</table>

▶ I *used to* sit up till late at night.
나는 밤늦게까지 앉아 있곤 했다.
▶ I *am used to* sitting up till late at night.
나는 밤늦게까지 앉아 있는데 익숙하다.

[주의] **to** 부정사와 동명사의 쓰임새에 주의할 것.

<table>
<tr><td>352</td><td>wait for</td><td>…을 기다리다</td></tr>
<tr><td>353</td><td>wait on/upon</td><td>…을 시중들다</td></tr>
</table>

▶ Who are you *waiting for*?
너는 누구를 기다리냐?
▶ She will *wait on* our table.
그 여자가 우리 테이블 시중을 들어줄 것이다.
▶ She always *wait on* her customers politely.
그녀는 항상 고객을 정중하게 응대한다.

[참고] We are waiting *for* him *to* come.
우리는 그가 오기를 기다기고 있다.

[주의] **wait on** 다음에는 사람이 쓰이는 것이 원칙이다.

<table>
<tr><td>354</td><td>write down</td><td>적어두다</td></tr>
<tr><td>355</td><td>write for</td><td>편지로 …을 청구하다, …에 기고하다</td></tr>
</table>

▶ I will *write down* your name and address.
네 이름과 주소를 적어두겠다.
▶ My son *wrote* me *for* money.
아들은 내게 돈을 보내달라는 편지를 했다.
▶ He *wrote for* the newspaper.
그는 신문에 기고했다.

참고 **write to** …에게 편지를 쓰다.

QUESTION BOX

✻ to 다음에는 동사원형, 혹은 동명사 (명사)?

예를 들어 〈나는 너를 만나보기를 기대한다〉를 영어로 번역할 경우, I'm looking forward to see you.하기 쉽다. 왜? 〈…을 기대한다〉는 뜻의 숙어로 〈look forward to…〉를 알고 있고, to로 끝나기 때문에 뒤에 오는 동사는 to 부정사로 당연히 원형이 올 것이라고 판단하기 쉽기 때문이다.

그런데 결론부터 말하면 이때의 to는 부정사절을 이끄는 to가 아니다. I go to school.에서의 to처럼 전치사 역할을 하는 to이다. 따라서 전치사 다음에는 명사나 명사에 상당하는 어구가 와야만 한다. 그러므로 위의 경우에서 see는 동명사의 형태인 seeing으로 바꾸어 써야 한다. I'm looking forward to seeing you.

이처럼 〈look forward to…〉에서 to는 전치사이므로 동명사만이 아니라 명사가 나올 수도 있다.

I'm looking forward to your visit. 너의 방문을 기대하고 있다.

이렇게 to가 전치사인가 아니면 to 부정사를 이끄는 것인가를 판단하는 문제는 꽤 어렵다. 영어를 모국어로 하는 미국인들 조차도 가끔 틀리는 경우가 있다. 따라서 우리는 이런 문제에 특별한 주의를 필요로 한다.

이런 예를 가진 숙어를 몇가지 더 들어보자.

I am used to eating with fork.

나는 포크를 가지고 먹는데 익숙하다.

We have bought a lot with a view to building a house.

우리는 집을 지을 생각으로 땅을 사두었다.

3

뜻이 같은 숙어

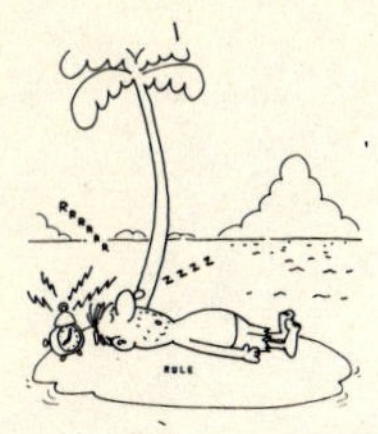

| 356 | **a lot of／lots of** | 많은 |
| 357 | **a number of** | |

▶ I have *a lot of* (＝*a number of*) books.
나는 많은 책이 있다.

NOTE ● 수·양 모두를 나타낸다.

| 358 | **according as** | …에 따라서 …에 응해서 |
| 359 | **in proportion as** | |

▶ We will pay you *according as* (＝*in proportion as*)
you work. 우리는 네가 일한 만큼 지불하겠다.

NOTE ● 뒤에 절이 오는 것이 원칙이다.

| 360 | **accuse… of─** | …을 ─로 고소하다 |
| 361 | **charge… with─** | |

▶ We *accused* him *of* (＝*charged* him *with*) bribery.
우리는 그를 수뢰죄로 고소했다.

NOTE ● 〈…을 ─로 비난하다〉는 뜻으로 **accuse A of B ＝ blame A
for B ＝ criticize A for B ＝condemn A for B**
She *accused* him *of* being a liar.
그녀는 그가 거짓말장이라고 비난했다.

| 362 | **adhere to** | …을 고수하다, 고집하다 |
| 363 | **hold to** | |

▶ He *adhered to* (＝*held to*) the original plans.
그는 원래의 계획을 고수했다.

[주의] **adhere**는 언제나 자동사로 쓰임에 주의할 것

| 364 | **all of a sudden** | 갑자기 |
| 365 | **on a sudden** | |

〈동의어〉 suddenly

▶ *All of a sudden* (=*On a sudden*), it became cloudy.
갑자기 날씨가 흐려졌다.

366	**all the time**	언제나
367	**at all times**	

▶ I am *all the time* (=*at all times*) uneasy with him.
나는 언제나 그와는 편하지 않다.

[주의]   **time**의 수에 주의할 것.

368	**anything but**	결코 …이 아니다,
369	**far from**	…이외에는 무엇이나

▶ He is *anything but* (=*far from) a liar.*
그는 결코 거짓말장이가 아니다.

참고   **far from … ing** …하기는 커녕
Far from read*ing* the letter, he did not open it.
그 편지를 읽기는 커녕 열어보지도 않았다.

370	**apply oneself to**	…에 전념하다
371	**commit oneself to**	

▶ He *applied himself to* (=*committed oneself to*) the
study of English. 그는 영어공부에 전념했다.

참고   I *committed myself to* help her(=to helping her).
나는 그녀를 돕겠다고 약속했다.

[주의]   두 숙어 모두에서 부정사와 동명사가 자유롭게 쓰인다.

372	**as it were**	말하자면
373	**so to speak**	

▶ The girl is, *as it were* (=*so to speak*), her father's
doll. 말하자면 그녀는 아버지의 인형이다.

참고   **as it is** (대개 가정법 표현의 다음에) 그러나 실상은

Everything would be all right if we could pay him. *As it is* we must ask you for help.
그에게 돈을 갚을 수 있다면 만사가 괜찮을텐데. 하지만 실상은 그렇지 않으므로 네 도움을 구해야만 한다.

374	**as regards**	…에 관해서는
375	**with regard to**	

〈동의어〉 as to

▶ *As regards*(=*With regard to*) money I have enough.
돈에 관해서는 나는 충분하다.

[주의]　**as regards**에서 regard는 **as follows**에서 처럼 비인칭동사이며, with regard to에서 regard는 명사이다.

376	**as to**	…에 관해서
377	**in regard of/to**	

▶ *As to* (=*In regard to*) the trip, no change can be made. 여행에 관해서는 어떤 변화도 있을 수 없다.

[참고]　**regardless of** …에 개의치 않고, 불구하고
You ought to work hard *regardless of* your income.
수입에 상관말고 열심히 일해라.

378	**at a dash**	단숨에
379	**at a strength**	

〈동의어〉 at a breath

▶ He ran up the hill *at a dash* (=*at a strength*)
그는 단숨에 언덕을 올라갔다.

380	**at all events**	아뭏든
381	**at any event**	
382	**in any event**	

▶ *At all events* (=*In any event*) you had better call

him up. 아뭏든 그를 전화로 불러내는 게 낫겠다.

   in the event of … …할 경우에

383 **at any rate**　　　어쨌든
384 **in any case**

▶ Great men are few *at any rate* (*=in any case*).
어쨌든 위대한 사람은 거의 없다.

   at the rate of …의 비율로

385 **at first sight**　　　첫눈에
386 **at a glance**

▶ I liked her *at first sight* (*=at a glance*).
나는 첫눈에 그 여자를 좋아했다.

   steal a glance at=catch (have) a glimpse of …을 슬쩍
보다

387 **at last**　　　드디어, 마침내
388 **in the end**

▶ *At last* (*=In the end*) we succeeded in solving the
question 마침내 우리는 그 문제를 푸는데 성공했다.

   at (the) latest 늦어도
last는 연속되는 것의 마지막 것이므로 뒤에 오는 것이 없음
을 의미하고, **latest**는 연속되는 것 중 가장 최근의 것을 의
미한다.

389 **at the expense of**　　　…을 희생하여
390 **at the cost of**
391 **at the price of**

▶ I did it *at the expense of* (*=at the cost of*) my
health. 나는 건강을 희생하면서 그것을 했다.

 at a great expense 막대한 비용을 들여서

---

392 **be apt to**   ···하기 십상이다.
393 **be liable to**

▶ We *are apt to* (*=are liable to*) forget this fact.
우리는 자칫하면 이 사실을 잊기 쉽다.

NOTE ● **be apt for** ···에 적합하다.
be apt at ···에 재주가 있다.
He *is apt at* chess. 그는 체스에 재주가 있다.

---

394 **be aware of**   ···을 알고 있다
395 **be conscious of**

▶ I *am aware of* (*=am conscious of*) the fact.
나는 그 사실을 알고 있다.

[참고] **beware of** ···을 조심하다
I *was aware* (=was conscious) *that* something was
wrong. 나는 무엇인가 잘못되어 있음을 알고 있었다.

---

396 **be compelled to**   할 수 없이 ···하다
397 **be forced to**

▶ I *was compelled to*(*=was forced to*) sign the con-
tract. 나는 하는 수 없이 계약서에 서명을 했다.

[주의] 거의 언제나 to부정사와 함께 쓰인다.

---

398 **be confronted with**   ···에 직면하다
399 **be faced by/with**

▶ We *are confronted with* (*=are faced by*) a difficult
problem. 우리는 어려운 문제에 직면했다.

[참고] **face on/to** : ~을 향하고 있다.
Our house *faces* (*to*) the south.

우리집은 남쪽을 향하고 있다.
Our house *faces on* the street. 우리집은 길을 향하고 있다.

400	**be famous for**	…로 유명하다
401	**be noted for**	

▶ She *is famous for*(=*is noted for*) her rich voice as a soprano singer.
그녀는 소프라노 가수로서 풍부한 성량으로 유명하다

참고　**be notorious for** …으로 악명높다.

402	**be lacking in**	…이 부족하다
403	**be wanting in**	

▶ Above all he *is lacking in*(=*is wanting in*)experience.
무엇보다도 그는 경험이 부족하다.

참고　**have no lack of** …에 부족함이 없다.
주어로는 주로 사람이 쓰이는 표현이다. 반면에 사물이 주어가 되면,
Money *is lacking for* the plan. 그 계획에는 자금이 부족하다.

404	**be rich in/with**	…이 풍부하다
405	**be abundant in**	
406	**abound in/with**	

〈반의어〉 be poor in

▶ This country *is rich in*(=*is abundant in*) natural resources. 이 나라는 천연자원이 풍부하다
▶ America *abounds in* oil. = Oil *abounds in* America.
미국은 석유가 풍부하다.

407	**be taken ill**	병에 걸리다
408	**fall ill**	

▶ He *was taken ill* (=*fell ill*) right after he returned home. 그는 집에 돌아온 즉시 병에 걸렸다.

[주의]　일반적으로 형용사 **ill**은 서술적 용법에서만 사용된다. 따라서 명사앞에서는 **sick**이 사용된다.

a sick person　아픈사람

the sick　환자들

409　**be thankful to… for—**　　—에 대해 …에게 감사하다
410　**be grateful to… for—**

▶ I *am thankful to* you *for* (=*am grateful to* you *for*) your favor.

=I thank you for your favor.

나는 당신의 친절에 대해 감사드립니다.

411　**be worth while**　　…할 가치가 있다.
412　**be worthy of**

▶ It *is worth while* reading [or to read] this book

=This book *is worthy of* reading.

이 책은 읽을만한 가치가 있다.

NOTE ● **be worth while**의 경우에는 동명사와 **to** 부정사 모두 쓰일 수 있다.

413　**because of**　　　　(원인, 이유) …때문에
414　**owing to**
415　**on account of**

▶ I can not attend the meeting *because of* (=*owing to*) illness. 나는 병 때문에 그 모임에 참석할 수 없었다.

[주의]　**owing to**는 단지 부사적 기능만이 아니라 서술적으로도 사용되는 경우가 있다.

My failure was *owing to* ill luck.

내 실패는 운이 나빴기 때문이었다.

416　**before long**　　　머지않아
417　**by and by**

▶ *Before long* (=*By and by*) it will be warm enough to swim in the sea.
머지않아 바다에서 수영할 수 있을 만큼 따뜻해질 것이다.

참고 **to day before my birthday** 내 생일 전날

418 **beware of** …에 조심하다
419 **be cautious of**

▶ *Beware of* (=*Be cautious of*) pickpockets!
소매치기들을 조심하시오.

NOTE ● **beware of**는 명령형으로 주로 쓰인다.
be cautious of …ing …하지 않도록 주의하다
I will *be cautious of* giving offence.
나는 남의 화를 사지 않도록 조심하겠다.

420 **bring … into effect** …을 실행하다
421 **put … into practice**

▶ He agreed to *bring* my idea *into effect* (=*put* my idea *into practice*).
그는 내 생각을 실행에 옮기는데 동의했다.

참고 **agree to**+동사 …하는데 동의하다
I *agree to* respect the rights of others.
나는 타인의 권리를 존중하는데 찬성한다.

422 **by all means** 어떤 일이 있어도, 반드시
423 **at all costs**
424 **at any cost**

〈동의어〉 in any cost

▶ Come to the party *by all means* (=*at all costs*).
어떤 일이 있어도 파티에 오너라.

참고 **by means of** …에 의하여, …으로
Our thoughts can be communicated to others *by means*

of speech. 우리 생각은 말을 통해서 남에게 전달될 수 있다.

425	**by any means**	어떻게든지, 도무지
426	**in any way**	

▶ I have to see him *by any means*(=*in any way*).
나는 어떻게든지 그를 만나야만 한다.

참고　**by no means** 결코 …이 아닌

427	**by dint of**	…에 의하여 …의 덕으로
428	**by/in virtue of**	

〈동의어〉 by means of

▶ He succeeded *by dint of* (=*by virtue of*) hard work.
그는 열심히 공부한 까닭에 성공했다.

429	**by no means**	결코 … 아닌
430	**not … at all**	

▶ He *by no means* tells a lie. = He does *not* tell a lie *at all*. 그는 결코 거짓말을 하지 않는다.

NOTE ● **at all**은 의문, 조건, 부정에서 쓰여 부정적인 의미를 전달해 준다.
I am surprised at his giving *at all*.
그의 기부행위에 놀랐다(그가 기부하리라곤 생각지도 못했는데)

431	**by some means or other**	어떤 방법이로든지
432	**one way or another**	

▶ He had to make money *by some means or other*.
그는 어떤 방법으로든 돈을 벌어야 했다.

참고　**by all means** 반드시, 모든 수단을 다하여

NOTE ● **another** 앞에는 어떤 한정사도 올수 없지만, **other** 앞에 **the, this, that, my** 등이 자유롭게 쓰인다.

my other son	내 또 하나의 아들
another son of mine	내 또 하나의 아들

433	**cling to**	…에 집착하다
434	**stick to**	
435	**persist in**	

▶ He *clings to*(=*sticks to*) his principles.
그는 자기의 원칙을 고수한다.
▶ She *persisted in* taking care of the dog.
그녀는 고집스레 그 개를 돌보았다.

NOTE ● **persist for** …지속하다
This legend has *persisted for* two thousand years.
이 전설은 이천 년 동안 계속되어 왔다.

436	**coincide with**	(취미, 의견 등이) 일치하다
437	**conform to**	

▶ My hobby *coincides with* yours.
내 취미는 네 취미와 일치한다.
▶ A coat must *conform to* the figure of the wearer.
옷은 입는 사람 몸에 맞아야 한다.

참고 **conform (oneself) to=adjust oneself to** …에 따르다, 순응하다.

438	**collide with/against**	…와 충돌하다
439	**run against**	

▶ The boat *collided with*(=*ran against*) a rock.
보트는 바위와 충돌했다.

참고 **come into collision with** …와 충돌하다

440	**deprive … of −**	…로부터 −을 빼았다
441	**rob … of −**	

▶ Nobody will *deprive* you *of* your position.
누구도 네 위치를 빼앗지는 못할 것이다.

NOTE ● **clear A of B＝relieve A of B＝rid A of B**
A에서 B를 해소하다(치우다)

442	**devote oneself to**	…에 열중하다
443	**give oneself up to**	
444	**abandon oneself to**	

〈동의어〉 yield oneself to

▶ He is *devoting himself to*(=*giving himself up to*)
study. 그는 연구에 몰두하고 있다.

| 445 | **distinguish… from —** | …와 —를 구별하다 |
| 446 | **tell … from —** | |

〈동의어〉 distinguish between A and B ＝ know A from B

▶ Can you *distinguish* a sheep *from* a goat?
나는 양과 염소를 구별할 수 있느냐?

NOTE ● *Distinguish* mankind *into* races. 인류를 인종으로 구분하다.

| 447 | **earn a living** | 생계를 꾸리다 |
| 448 | **make a living** | |

▶ He managed to *earn a living*(=*make a living*) as a
writer. 그는 작가로 근근히 생계를 꾸려나갔다.

[주의]　living이 '생계'라는 뜻으로 사용될 때에는 단수형으로만 사용
된다.

| 449 | **feel for** | …을 동정하다 |
| 450 | **sympathize with** | |

▶ I *feel for* (=*sympathize with*) you deeply.
나는 너를 심히 동정한다.

참고　　**feel of**　손으로 …을 만져보다

451	**first of all**	우선, 무엇보다도
452	**in the first place**	
453	**to begin with**	

▶ *First of all* (=*In the first place*) you must give up smoking. 우선 너는 담배를 끊어야 한다.

[참고] **begin with** …**부터 시작하다**
The ocean *began with* little drops of water.
바다도 작은 물방울에서 시작됐다.

| 454 | **for a moment** | 잠시동안 |
| 455 | **for a while** | |

▶ He thought *for a moment* (=*for a while*).
그는 잠시 생각에 잠겼다.

[주의] **for the moment** 우선, 당장은

| 456 | **for God's/Heaven's sake** | 제발, 아무쪼록 |
| 457 | **for mercy's/pity's sake** | |

▶ *For God's sake* lend me some money.
제발 내게 돈을 좀 빌려 주세요.

| 458 | **for the moment** | 당분간, 당장은 |
| 459 | **for the time being** | |

▶ I have nothing to do *for the moment* (=*for the time being*). 나는 당분간 할 일이 없다.

NOTE ● **for a moment**(잠시 동안)과 구별할 수 있을 것.

| 460 | **for the purpose of**＋동명사 …할 목적으로 |
| 461 | **with a view to**＋동명사 |

〈동의어〉 in order to＋동사 원형

▶ He went to France *for the purpose of* (=*with a view to*) studying music.
=He went to France in order to study music.
그는 음악을 공부할 목적으로 프랑스에 갔다.

462 from morning till night   온종일
463 all day long

▶ Nobody likes to work *from morning till night*(=*all day long*) 누구도 하루종일 일하기를 좋아하지는 않는다.

464 gaze at   …을 주시하다
465 stare at

▶ We *gazed at* (=*stared at*) wonderful scenery.
우리는 멋진 경치를 바라보았다.

[참고] **gaze up at stars** 별을 지그시 바라보다

[주의] 타동사적으로 전치사를 생략하지 않도록 주의할 것.
Father *stared* me *into* silence.
아버지가 노려보자 나는 말없이 있었다.

466 get away with   …을 가지고 도망치다
467 run away with

▶ He has *got away with*(=*run away with*) my type-writer. 그는 내 타이프라이터를 가지고 도망쳤다.

[참고] **with**가 없이 get away, run away만으로는 〈도망치다〉는 뜻이 된다.

468 get over   회복하다
469 recover from

▶ She soon *got over* (=*recovered from*) her cold.
그 여자는 감기에서 곧 회복했다.

[주의] 전치사의 사용에 주의할 것

| 470 | **give way to** | …에 양보하다, 꺾이다 |
| 471 | **yield to** | |

▶ Never *give way to* (=*yield to*) temptation.
절대 유혹에 넘어가지 마시오.

참고   **yield precedence to**   …에게 차례를 양보하다
       yield the palm to   …에게 승리를 양보하다

| 472 | **go to extremes** | 극단에 이르다 |
| 473 | **go too far** | |

▶ Young people seem to *go to extremes* (=*go too far*) following the fashion.
젊은이들은 지나치게 유행을 따르는 것 같다.

| 474 | **have a good time** | 즐기다 |
| 475 | **enjoy oneself** | |

▶ I *had a good time* (=*enjoyed myself*) yesterday.
나는 어제 즐거운 시간을 가졌다.

NOTE ● **in due time** 머지않아, 곧

| 476 | **have confidence in** | …을 신용하다 |
| 477 | **confide in** | |

▶ You can certainly *have confidence in* (=*confide in*) his honesty. 너는 그의 정직성을 확실하게 믿어도 좋다.

참고   **confide oneself to**   …에게 의지하다
       in confidence   비밀로
       Let me tell you something *in confidence*.
       비밀로 어떤 것을 이야기 해줄께.

478	**here and there**	여기저기
479	**to and fro**	
480	**from place to place**	

▶ Children were running *here and there*(=*to and fro*).
어린아이들이 여기저기에서 뛰어다니고 있었다.

481	**hold one's tongue**	침묵하다
482	**keep silent**	

▶ *Hold your tongue*(=*Keep silent*) while I am talking
내가 말하고 있을 때에는 조용히 해라.

NOTE ● **find one's tongue** (깜짝 놀란 후) 겨우 말문이 열리다
lose one's tongue 할 말을 잊다.

483	**in a moment**	즉시, 순식간에
484	**in an instant**	
485	**on the instant**	

▶ The ghost disappeared *in a moment*(=*in an instant*).
유령은 순식간에 사라졌다.

참고　　**the instant (that)** …하자마자(=as soon as)

486	**in a temper**	화를 내고
487	**in a rage**	

〈동의어〉 in anger

▶ He tore up the letter *in a temper* (=*in a rage*).
그는 화를 내며 편지를 찢어버렸다.

NOTE ● **temper**는 '셀수 있는 명사'이므로 언제나 관사와 함께 사용된
다.

488	**in a word**	간단히 말하면
489	**in brief**	

〈동의어〉 to put it briefly

▶ *In a word*(=*In brief*), I want some money.
간단히 말해서 나는 약간의 돈을 원한다.

| 490 | **in all directions** | 사방팔방으로 |
| 491 | **on all sides** | |

▶ They ran away *in all directions* (=*on all sides*).
그들은 사방으로 흩어져 도망쳤다.

[주의] 명사가 모두 복수인데 주의할 것

| 492 | **in case of** | …의 경우에는 |
| 493 | **in the event of** | |

▶ *In case of* (=*In the event of*) fire, sign the alarm
bell. 화재가 난 경우에는 경보 벨을 울리시오.

[참고] *In case* (*that*) I am late, don't wait to start dinner.
내가 늦을 경우에는 먼저 식사를 하십시오.

| 494 | **in joke** | 농담으로 |
| 495 | **in jest** | |

▶ Don't take it seriously because I said it *in joke*.
농담으로 하는 말이니 심각하게 받아들이지 마라.

NOTE ● **play a joke on** …을 놀리다.

| 496 | **in one's company** | …와 함께 |
| 497 | **in company with** | |

▶ I never get bored *in his company* (=*in company
with* him) 그와 함께 있으면 지루한 줄 모른다.

[참고] **keep company with** …와 교제하다
You'd better not *keep company with* them.
너는 그들과 사귀지 않는 것이 좋겠다.

498	**in spite of**	…에도 불구하고
499	**for all**	
500	**with all**	

〈동의어〉 despite of

▶ *In spite of* (=*For all*) his misfortune, he is quite cheerful. 그는 불운함에도 불구하고 상당히 쾌활하다.

NOTE ● **despite of**보다는 **despite**만이 주로 쓰인다.

501	**indulge in**	…에 빠지다, 열중하다
502	**indulge oneself in**	
503	**addict oneself to**	

〈동의어〉 be addicted to

▶ He *indulges in* (=*indulges himself in*) drinking
그는 술에 빠져있다.

NOTE ● **addict**가 명사로 쓰이면 '중독자'라는 뜻이 된다.
a morphine addict 마약중독자

504	**lay by**	저축하다
505	**set by**	

▶ He *laid by* (=*set by*) a lot of money for his old age.
그는 노년을 위해 많은 돈을 저축해 두었다.

[주의] 동사 공부를 해보자. **lie**(눕다)는 자동사이므로 목적어를 취하지 않는다. 반면에 **lay**(눕히다, 놓다)는 타동사로 반드시 목적어를 취한다. **lie**의 과거형이 **lay**이기 때문에 현재형의 **lay**와 혼돈을 일으킨다.
lie(눕다)−**lay**−**lain**
lay(눕히다)−**laid**−**laid**
lie(거짓말하다)−**lied**−**lied**

506	**leave … alone**	…을 홀로 남겨두다,
507	**let … alone**	그냥 내버려두다

▶ *Leave* me *alone* (=*Let* me *alone*) to do that.
내가 그것을 하도록 내버려 두시오.

[참고] **let alone** : …은 말할 것도 없고
He was too tired to walk, *let alone* run.
달리기는 고사하고 걷지도 못할 만큼 피곤했다.

| 508 | **lie upon/on** | (결정, 책임 등이) …에 달려있다. |
| 509 | **rest with** | |

▶ The decision *lies upon*(=*rest with*) you.
결정은 너에게 달려있다.

참고 It *rests with* you to decide 결정은 너에게 달려있다.

| 510 | **look for** | …을 찾다 |
| 511 | **search for** | |

〈동의어〉 seek for

▶ We are *looking for*(=*searching for*) the lost boy.
우리는 잃어버린 아이를 찾고 있다.

NOTE ● **search A for B** : B를 찾아 A를 수색하다.
I *searched* the room *for* the key.
나는 방을 뒤져 열쇠를 찾았다.

| 512 | **lose one's temper with** | …에게 화를 내다 |
| 513 | **be angry with/at** | |

▶ He *lost his temper with*(=*was angry with*) her at last 그는 마침내 그녀에게 화를 내고 말았다.

[주의] **angry at** +사람/사물, **angry with**+ 사람
이 경우 전치사 **against**를 사용하지 않도록 조심할 것.

| 514 | **lose one's way** | 길을 잃다 |
| 515 | **get lost** | |

〈동의어〉 go astray

▶ I *lost my way* (=*got lost*) in the crowd.
나는 군중 속에서 길을 잃었다.

516	**make allowance for**	…을 참작하다, 고려하다
517	**allow for**	
518	**take account of**	

▶ The policeman *made allowance for* (=*allowed for*)
my youth. 경찰은 내 젊음을 고려해주었다.

참고 **allow of** : …을 허용하다(주어로는 사물이 쓰인다)
The matter *allows of* no delay.
이 문제는 조금도 지체할 수 없다.

519 **make friends with**   …와 친구가 되다
520 **make the/an acquaintance of**

▶ He *makes friends with* anybody he meets.
그는 만나는 누구와도 친구가 된다.

[주의] **friends**(친구들)는 복수로, **acquaintance**(면식, 앎)은 단수로
되어 있다.

521 **make off**   달아나다
522 **run away**

▶ He *made off* (=*ran away*) like an arrow.
그는 재빨리 도망쳤다.

523 **make one's mark**   이름을 떨치다
524 **make a name for oneself**

▶ It was in his later years that he *made his mark*.
만년에 들어서 그는 이름을 떨쳤다.

참고 **above the mark**   표준 이상으로
below the mark   표준 이하로

525 **make use of**   …을 이용하다
526 **take advantage of**
527 **avail oneself of**

〈동의어〉 use, utilize

▶ I *made use of* (=*availed myself of*) the opportunity.
나는 이 기회를 이용했다.

[참고]　**be of avail**　쓸모가 있다
　　　　be of no avail　전혀 쓸모가 없다

528　**more often than not**　　종종
529　**as often as not**

▶ He plays golf with his friends *more often than not.*
나는 가끔 친구들과 골프를 친다.

[주의]　**more than** …이상으로
　　　　more … than ─ ─라기 보다는 오히려 …
　　　　She is *more* kind *than* wise.
　　　　그녀는 현명하기 보다는 친절하다.

530　**not to mention**　　…은 말할 것도 없이
531　**needless to say**
532　**to say nothing of**

〈동의어〉 not to speak of

▶ He can speak French, *not to mention* (=*needless to say*) English. 그는 영어는 말할 것도 없고 프랑스어도 할 줄 안다.

NOTE ● **still more** (긍정문 다음에) 더욱더, 하물며
　　　　still less (부정문 다음에) 하물며 …이 아니다
　　　　He can speak French, *still more* English.
　　　　그는 영어를 할 줄 안다, 하물며 영어야 말할 것도 없다.

533　**occur to**　　생각나다
534　**hit upon**

▶ A good idea *occured* to me.
= I *hit upon* a good idea. 나는 좋은 생각이 떠올랐다.

[참고]　It *occurred to* me that I had forgotten my watch.
　　　　나는 시계를 잊고 나왔다는 생각이 떠올랐다.

535　**prevent … from+ 동명사**　　…이 ─하는 것을
536　**keep … from + 동명사**　　방해하다(막다)

▶ The snow *prevented* him *from* going out.
＝Because of the snow, he couldn't go out.
눈 때문에 그는 외출할 수 없었다.

NOTE ● 사물주어인 경우에는 위의 예처럼 부사적으로 해석하는 것이
우리말답다.

| 537 | **refrain from＋동명사** | …하는 것을 억제하다 |
| 538 | **abstain from＋동명사** | |

▶ Please *refrain from*(＝*abstain from*) smoking.
담배를 자제해 주십시요.

NOTE ● 두 동사 모두 자동사로 쓰인다.

| 539 | **rely on/upon** | …에 의지하다, 신뢰하다 |
| 540 | **count on** | |

〈동의어〉 feel/put/have reliance on

▶ You can *rely on*(＝*count on*) his prompt action
그의 재빠른 행동을 믿어도 좋다.

| 541 | **run short of** | …이 부족하다 |
| 542 | **be short of** | |

〈반의어〉 be rich in/with

▶ We are *running short of* (＝*being short of*) salt.
우리는 지금 소금이 부족하다.

NOTE ● **be short for** …의 약어이다
Doc *is short for* doctor. Doc는 doctor의 약자이다.

| 543 | **see … off** | …을 배웅하다 |
| 544 | **send … off** | |

▶ Let's go to the station to *see* him *off*.
그를 배웅하러 정거장에 갑시다.

| 545 | **struggle for** | …을 얻으려고 애쓰다 |
| 546 | **strive for** | |

▶ Everybody *struggles for* (=*strives for*)a living.
모두가 생계를 위해 애쓴다.

NOTE ● **strive to do** '…하려 애쓰다'
He *strove to* overcome his bad habits
그는 자기의 나쁜 버릇을 없애려고 애썼다.

| 547 | **take a fancy to** | …을 좋아하게 되다 |
| 548 | **take a liking to** | |

▶ The children *took a fancy to* their teacher.
아이들은 그들의 선생을 좋아하게 되었다.

NOTE ● 전치사 **to**대신에 **for**를 사용해도 좋다.

| 549 | **take a seat** | 앉다 |
| 550 | **seat oneself** | |

〈동의어〉 be seated

▶ She *took a seat*(=*seated herself*) quietly before the
piano. 그녀는 피아노 앞에 조용히 앉았다.

| 551 | **take care of** | …을 돌보다 |
| 552 | **look after** | |

▶ Who will *take care of* (=*look after*) your dog while
you're away. 당신이 없는 동안 개는 누가 돌볼 것입니까?

NOTE ● **care for**　　…을 좋아하다, 돌보다
care about　　…을 염려하다

| 553 | **take … for —** | …을 —이라고 (잘못) 생각하다 |
| 554 | **mistake … for —** | |

▶ We *took* him *for* an American.
우리는 그를 미국인으로 생각했다.

NOTE ● **take**를 써도 **mistake**처럼 잘못 생각한 것을 의미한다.

555	**take pains**	수고하다, 애쓰다
556	**take trouble**	

▶ He *takes pains*(=*takes trouble*) with his lessons.
그는 학과 공부에 애를 쓰고 있다.

NOTE ● **take the trouble to do** = **have much trouble (in) —
ing** : 기꺼이 —하다
Did you *have much trouble in* finding my house?
당신은 내집을 찾는데 고생을 했습니까?

557	**take pride in**	…을 자랑하다,
558	**pride oneself on**	…에 긍지를 가지다
559	**boast of**	

〈동의어〉 be proud of

▶ You must *take pride in*(=*pride yourself on*) your
present work. 너는 현재 하는 일에 긍지를 가져야만 한다.

NOTE ● **boast oneself(to be)**… : …임을 자랑하다
He *boasted himself* (to be) an artist
그는 자신이 예술가임을 자랑했다.

560	**with the intention of**	…할 목적으로
561	**with the view of**	

▶ I came up to Seoul *with the intention of* studying
painting.
=I came up to Seoul in order to study painting.
나는 그림을 공부하기 위해서 서울로 올라갔다.

[주의] 뒤에는 주로 동명사가 사용된다.

QUESTION BOX

* for oneself와 by oneself

for oneself와 by oneself는 의미를 구분하기가 힘들 경우가 있다. 두 숙어의 정확한 의미 차이는 무엇일까?

사전을 찾아보면 for oneself와 by oneself 모두 '혼자 힘으로'라는 뜻이 있다. 그러나 이 두 개의 숙어가 동의어라고 가르치지는 않는다.

그럼 이 숙어의 정확한 의미는 무엇일까? 다음 두 예문을 잘 살펴보자.

She likes to do everything for himself.

그 여자는 혼자서 모든 일을 하고 싶어한다.

He went to the movies (by) himself.

그는 혼자서 영화관에 갔다.

이제 두 숙어를 좀더 정확히 해석해보자. for oneself에는 '자기의 이익을 위해서'라는 뜻이 포함되어 있다. 반면에 by oneself에는 그런 의미가 포함되어 있지 않다.

따라서 for oneself는 'without help from other and in order to benefit oneself, 다른 사람의 도움없이 그리고 자신의 이익을 위해서'란 뜻으로 요약된다. 한편 by oneself는 단지 'without help and alone, 도움없이 그리고 홀로'라는 뜻이다.

여기에서 by oneself에서 by가 자주 생략되어 사용되는 이유를 알게 된다.

4

뜻이 반대되는 숙어

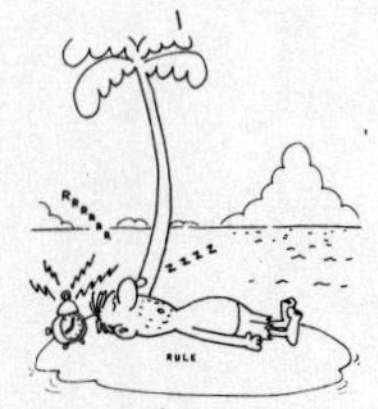
RULE

| 562 | **after dark** | 해진 후에 |
| 563 | **before dark** | 해지기 전에 |

▶ I visited him *after dark*. 나는 해가 진 후에 그를 방문했다.
▶ You had better go home *before dark*.
  넌 해가 지기 전에 집에 가는 편이 났다.

참고　 **in the dark** 어둠 속에서
He was looking for the chair *in the dark*.
그는 어둠 속에서 의자를 찾고 있었다.

| 564 | **argue for** | …에 찬성하다 |
| 565 | **argue against** | …에 반대하다 |

▶ He *argued for* the programs of the party.
  그는 그 당의 계획에 찬성했다.
▶ He *argued against* the propositions.
  그는 그 제안들에 반대했다.

참고　 **argue with A about/on/over B** : B에 대해 A와 논의하다
He often *argued with* his father *about* politics.
그는 아버지와 정치에 대해 종종 논의했다.

| 566 | **at first hand** | 직접적으로 |
| 567 | **at second hand** | 간접적으로 |

▶ I heard the news *at first hand*.
  나는 직접 그 소식을 들었다.
▶ I heard the news *at second hand*.
  나는 간접적으로 그 소식을 들었다.

NOTE ● 정관사 **the**가 쓰이지 않는데 주의할 것.

| 568 | **at night** | 밤에, 야간에 |
| 569 | **in the daytime** | 주간에 |

▶ He usually sits till late *at night*. 그는 밤늦게까지 앉아 있다.

▶ The sun shines *in the daytime.* 해는 낮에 비춘다.

참조 **at dead of night** 한밤중에

570	**at the beginning of**	…의 초에
571	**at the end of**	…의 말에, 끝에

▶ He left for England *at the beginning of* May.
그는 5월 초에 영국으로 떠났다.
▶ I will be back *at the end of* next year.
나는 내년 말에 돌아올 것이다.

NOTE ● **in the end**(결국)는 부사적 기능을 한다.

572	**at (the) best**	기껏해야, 잘해야
573	**at (the) worst**	못되어도

▶ He is *at best* a second-rate writer.
그는 기껏해야 이류작가이다.
▶ He will be a music critic *at worst*.
그는 못되어도 음악 평론가는 될 것이다.

574	**at war**	교전중인, 사이가 좋지 않은
575	**at peace**	평화로운, 사이가 좋은

▶ He is always *at war* with his neighbors.
그는 항상 이웃과 사이가 좋지 않다.
▶ Korea is *at peace* with all the world.
한국은 세계 모든 나라들과 사이가 좋다.

참고 **a civil war** 내전
a declaration of war 선전포고

576	**be absent from**	…에 결석하다
577	**be present at**	…에 참석하다

〈동의어〉 absent oneself from/assist at

▶ He *was absent from* school yesterday.

110

그는 어제 학교에 결석했다

▶ Thirty persons *were present at* the meeting.
= Thirty persons assisted at the meeting.
삼십명이 회합에 참석했다.

578	**be awake to**	…을 깨닫다.
579	**be blind to**	…을 알지 못하다

▶ They *are* still not *awake to* the danger of their position. 그들은 아직 그들의 처지가 위험하다는 것을 깨닫지 못하고 있다.
▶ He *is* completely *blind to* his faults.
그는 자신의 결점을 전혀 모르고 있다.

580	**be capable of**	…할 수 있는
581	**be incapable of**	…할 수 없는

▶ He *is capable of* going abroad. 그는 외국에 갈 수 있다.
▶ She *is incapable of* telling a lie.
그는 거짓말을 하지 못한다.

NOTE ● 전치사 다음에는 **to** 부정사가 아니라 동명사를 사용한다는 것은 결국 전치사 다음에는 언제나 명사가 온다는 사실과 통한다.

582	**be consistent with**	…와 일치하다
583	**be inconsistent with**	…와 모순되다

〈동의어〉 consist with …와 일치하다

▶ This *is consistent with* your principles.
이것은 네 이론과 일치한다.
▶ What he says *is inconsistent with* the fact.
그가 말하는 것은 사실과 모순된다.

참고 **be consistent in** …에 모순이 없다
He *is* not *consistent in* his statement.
그의 말에는 모순이 없다.

| 584 | **be content with** | …에 만족하다 |
| 585 | **be discontent with** | …에 불만이다 |

〈동의어〉 be satisfied with=make do with …에 만족하다

▶ He *is content with* his salary.
그는 자기 봉급에 만족하고 있다.
▶ He *is discontent with* his present position.
그는 그의 현재 직위에 불만이다.

NOTE ● He *is content to* be a sailor. 그는 선원인 것에 만족한다.
의미상 동의어인 **contented**는 한정적·서술적으로 쓰인다.
Look at his *contented* look 그의 만족해하는 표정을 보아라.
He is *contented* with his present job.
그는 현재의 직업에 만족해 한다.

| 586 | **be dependent on/upon** | …에 의존하다 |
| 587 | **be independent of** | …에서 독립하다. |

▶ He *is dependent on* his parents.
그는 부모에게 의존하고 있다.
▶ He *is independent of* his parents.
그는 부모에게서 독립해 있다.

NOTE ● 전치사가 달라지고 있음에 주의할 것.

| 588 | **be different from** | …과 다르다. |
| 589 | **be similar to** | …과 유사하다. |

▶ My opinion *is different from* yours.
내 의견은 네 의견과 다르다.
▶ Your taste *is similar to* mine.
네 취미는 내 취미와 비슷하다.

[주의] **different**의 반의어라 생각하기 쉬운 **indiffrent**는 전혀 다른 뜻으로 〈…에 무관심한〉으로 **be indifferent to**〈…에 무관심하다〉가 쓰인다.

| 590 | **be good at** | …에 능숙하다 |
| 591 | **be poor at** | …에 미숙하다 |

▶ He *is good at* playing baseball. 그는 야구를 잘 한다.
▶ She *is poor at* mathematics. 그녀는 수학을 잘하지 못한다.

참조 His fingers are all thumbs. 그는 손재주가 없다.

| 592 | **be in time for** | … 시간에 맞추다 |
| 593 | **be late for** | …에 늦다 |

▶ I *was* just *in time for* the express.
나는 급행열차의 시간에 정확히 맞추었다.
▶ He *was late for* school. 그는 학교에 지각했다.

참고 Spring is *late in* coming in this part of the country.
이 지방에는 봄이 오는 것이 늦다.

| 594 | **be indifferent to** | …에 무관심하다 |
| 595 | **be interested in** | …에 흥미가 있다. |

▶ He *is indifferent to* his dress. 그는 옷에 무관심하다.
▶ He *is interested in* novels.
= He takes (an) interest in novels.
그는 소설에 관심을 가지고 있다.

참조 **lose (an) interest in** …에 관심을 잃다

| 596 | **be superior to** | …보다 우수하다 |
| 597 | **be inferior to** | …보다 못하다 |

▶ This camera *is superior to* that.
이 카메라는 저것보다 우수하다.
▶ I *am inferior to* him in some respects.
나는 몇 가지 점에서 그에게 뒤진다.

| 598 | **be well off** | 부유하다 |
| 599 | **be badly off** | 가난하다, 궁핍하다 |

▶ He *is* now *well* off. 그는 지금 부자이다.
▶ The movie star **is** now ***badly off***.
그 영화 스타는 지금 궁핍하게 산다.

  I feel badly. 몸이 불편하다
I feel bad. 기분이 언짢다

| 600 | **be willing to + 동사** | 기꺼이 …하다 |
| 601 | **be reluctant to + 동사** | …하기를 꺼리다 |

▶ He ***is willing to*** act the part of guide.
그는 기꺼이 안내인 역을 수행한다.
▶ I ***am reluctant to*** read this book.
그는 마지못해 그 책을 읽는다.

NOTE ● to 다음에는 동사의 원형이 쓰인다.

| 602 | **by accident** | 우연히 |
| 603 | **on purpose** | 고의로, 일부러 |

〈동의어〉 accidently 우연히, purposely 고의로

▶ I met her this morning ***by accident***.
나는 오늘 아침 우연히 그녀를 만났다.
▶ I am sure he didn't do it ***on purpose***.
나는 그가 고의로 그것을 하지 않았다고 확신한다.

| 604 | **catch hold of** | …을 잡다 |
| 605 | **lose hold of** | …을 놓치다 |

▶ ***Catch hold of*** this rope. 이 줄을 잡아라.
▶ He ***lost hold of*** the tree. 그는 나무에서 잡을 데를 놓쳤다.

  have a hold on/over …에 대해 지배력이 있다

606	**catch sight of**	…을 찾아내다
607	**lose sight of**	…을 (시야에서) 놓치다.
		…와 오래 만나지 않다

▶ I *caught sight of* him in the crowd.
나는 군중 틈에서 그를 찾아냈다.
▶ You must not *lose sight of* this fact.
이 사실을 놓쳐서는 안된다.

참고 **see the sights of** 도시이름 : 도시를 관광하다

608 **count for much**　　　　대단히 중요하다
609 **count for nothing**　　　보잘 것없다. 쓸모가 없다

▶ It *counts for much* in Korea.
그것은 한국에서 무척 중요하다.
▶ Mere cleverness *counts for nothing*.
단순히 영리한 것만으로는 아무 쓸모가 없다.

참조 **take count of =set count on** …을 중시하다
take no count of = set no count on
…을 안중에 두지 않다

610 **get into**　　　　　　　…으로 들어가다
611 **get out**　　　　　　　나오다, 나가다

▶ He *got into* the dark room. 그는 어두운 방으로 들어갔다.
▶ As the door was locked, I couldn't *get out*.
문이 잠겨 있어서 나는 나갈 수 없었다.

참조 **get out of** …에서 나오다
Get out of here! 썩 나가라!

612 **get the better/the best of**　…에 이기다, …을 능가하다
613 **get the worst of**　　　　　…에 지다

▶ I *got the better of* him. 나는 그를 이겼다.
▶ He *got the worst of* a quarrel. 그는 싸움에 졌다.

NOTE ● 이때 **get** 대신에 **have**를 사용할 수도 있다.

614 **go ahead**　　　　　　앞으로 나아가다, 진행하다
615 **go back**　　　　　　　돌아가다

▶ Things are *going ahead*. 일들이 잘 진행되고 있다.
▶ He *went back* to his native place.
　그는 고향으로 돌아갔다.

참조　　**be ahead of** …보다 앞서 있다
　　　　be back 돌아오다
　　　　I'll *be back* at six. 6시에 돌아오겠다

616　**go well**　　　　　　잘 되다
617　**go wrong**　　　　　잘못되다.

▶ Is everything *going well* with you? 모든 것이 잘 되어가니?
▶ I'm sorry your plan *went wrong*.
　네 계획이 잘못되어 유감이다.

NOTE ● **go bad** (음식 등이) 나빠지다, 쉬다

618　**have faith in**　　　신용하다, 믿다.
619　**lose faith in**　　　신용하지 않다,믿음을 잃다

〈동의어〉 have belief in 신용하다, 믿다

▶ He *has faith in* his own ability.
　그는 자신의 능력을 믿는다.
▶ I have *lost faith in* his words.
　나는 그의 말을 믿지 않게 되었다.

NOTE ● **own**은 주로 소유형용사 다음에 사용될 뿐이다.
　It's nice if a child can have his *own* room.
　어린아이가 자기만의 방을 갖는다면 멋진 일이다.
　● 이중 소유격의 구조를 갖기도 한다.
　I'd like to have *a car of my own* (=my own car).
　나는 나만의 차를 갖고 싶다.

620　**in a good temper**　기분이 좋은
621　**in a bad temper**　기분이 나쁜

▶ He usually is *in a good temper* in the morning.
　그는 아침이면 보통 기분이 좋다

116

▶ Why is he *in a bad temper*? 그는 왜 기분이 나쁘냐?

 in a temper 화를 내고 있는

622 **in danger of**   위험에 처해있는
623 **out of danger**   위험에서 벗어난

▶ The ship was *in danger of* being wrecked.
그 배는 난파될 위험에 처해 있었다.
▶ She is *out of danger*. 그녀는 위험에서 벗어나 있다.

 in danger of 다음엔 주로 동명사 형태가 쓰인다.
People who doubt are not *in danger of* being ruled by emotion. 의심이 많은 사람은 감정에 의해 지배받을 위험이 없다.

624 **in fashion**   유행하는
625 **out of fashion**   한물간, 유행하지 않는

▶ These hats are *in fashion*. 이런 모자들이 유행이다.
▶ These watches are *out of fashion*.
이런 시계는 유행이 지난 것이다.

NOTE ● **out of work**   실직중인
        out of print   절판된
        out of stock   재고가 바닥난
        out of date   구식의
        out of season   철이 지난

626 **in general**   일반적으로
627 **in particular**   특히

〈동의어〉 generally 일반적으로, particularly 특히

▶ *In general* the country has a severe climate.
일반적으로 그 나라의 기후는 극단적이다.
▶ He told me about one instance *in particular*.
그는 특히 한가지 예에 대해 나에게 말했다.

[주의] **country**는 셀수 있는 명사로 '나라, 국토'라는 의미로, **a**

country 혹은 **countries**가 된다.
그러나 '시골'이란 뜻으로는 언제나 단수형으로 **the country**
가 된다.
How many *countries* are there in Europe?
유럽에는 얼마나 많은 나라가 있느냐?
Would you rather live in the town or *the country*?
도시에 살고 싶으냐 시골에 살고 싶으냐?

628	**in good times**	좋은 때에, 바로/곧
629	**in bad times**	불경기일 때, 늦어서

▶ He bought many pieces of land *in good times*.
그는 경기가 좋을 때에 땅을 꽤 많이 사두었다.
▶ The firm went down *in bad times*.
그 회사는 불경기일 때 도산했다.

[주의] 복수형 **times**는 '때, 시대 그리고 …번'이란 뜻을 갖는다.

630	**in high/great spirits**	기분이 좋은 상태로
631	**in low/poor spirits**	기분이 안좋은 상태로

▶ He went out with his friends *in high spirits*.
그는 기분좋게 친구들과 외출했다.
▶ He came home *in low spirits*.
그는 의기소침해져서 집에 왔다.

[주의] **spirits**는 복수 형태로만 사용되어 추상명사가 아니라 보통명
사로 〈기분〉이란 뜻을 갖는 것으로 본다. 이 자리에 **temper**
가 쓰인 숙어와 비교된다.

632	**in one's absence**	…가 없을 때에
633	**in one's presence**	…의 면전에서

〈동의어〉 behind one's back/before one's face

▶ Don't speak ill of another *in his absence*.
없는데서 남을 욕하지 마라.
▶ We feel secure *in his presence*.

우리는 그의 앞에서 안심하게 된다.

634	**in one's (right) senses**	제정신인
635	**out of one's senses**	제정신이 아닌, 정신을 잃은

▶ I don't think he was *in his senses* then.
나는 그때 그가 제정신이었다고는 생각지 않는다.
▶ He is *out of his senses*. 그는 제정신이 아니다.

[참조] **come to one's senses** 의식을 되찾다
lose one's senses 기절하다

NOTE ● 복수형 **senses**는 '정상적인 의식상태'를 의미한다. 즉 다섯개의 감각이 모두 살아있는 상태이므로 복수형이 쓰이는 것이다.

636	**in private**	개인적으로, 사적으로
637	**in public**	공공연히, 여러사람 앞에서

〈동의어〉 privately 개인적으로, publicly 공공연히

▶ I wish to speak to you *in private*.
나는 사적으로 너와 말하고 싶다.
▶ I'm not used to speaking *in public*.
나는 대중 앞에서 연설하는데 익숙하지 못하다.

[참조] **the public at large** 일반국민

638	**in the presence of + 명사**	…의 면전에서
639	**in the absence of + 명사**	…이 없을 때에

▶ *In the presence of* a large company, he talked big.
많은 사람들 앞에서 그는 큰소리로 말했다.
▶ *In the absence of* the teacher, he talks idly.
선생님이 없을 때면 그는 잡담을 한다.

NOTE ● **in one's persence/absence**와 의미 차이는 없다. 쉽게 생각해서 전치사 **of** 뒤의 명사가 대명사가 되어 **one** 대신에 쓰인다고 생각하면 된다. 물론 이때 **one**은 명사 **presence/absence** 앞에 쓰여 소유격이 된다.

| 640 | **in the right** | 바른, 옳은 |
| 641 | **in the wrong** | 틀린, 잘못된 |

▶ Which is *in the right*? 어느 것이 옳은 것입니까?
▶ I don't know if I am *in the wrong*.
   내가 틀렸는지 아닌지를 모르겠다.

| 642 | **in the shade** | 그늘에서 |
| 643 | **in the sun** | 양지 쪽에서 |

▶ Let's walk *in the shade*. 그늘 쪽으로 걸어가자.
▶ You had better bathe *in the sun*. 일광욕하는 것이 낫다.

NOTE ● **a shade**는 '약간, 조금'이란 뜻으로 부사나 형용사를 직접 수식한다.
He sang *a shade* too loud. 그는 조금은 크게 노래했다

| 644 | **in tune with** | 곡조가 맞는, 조화가 되는 |
| 645 | **out of tune with** | 조화가 안되는, 사이가 나쁜 |

▶ He is *in tune with* his company.
   그는 친구들과 잘 어울린다.
▶ His idea is *out of tune with* the times.
   그의 생각은 시대와 맞지 않는다.

참고 **keep in tune with** …와 곡조를 맞추다

| 646 | **keep good time** | 시간이 잘 맞다 |
| 647 | **keep bad time** | 시간이 맞지 않다 |

▶ Not all Swiss watches *keep good time*.
   스위스 시계라고 모두 시간이 잘 맞는 것은 아니다.
▶ This watch *keeps bad time*.
   이 시계는 시간이 잘 맞지 않는다.

NOTE ● 위의 예문은 전형적인 부분부정의 문장이다. 즉 **Not all** …의 문장은 부분부정이다. 이런 형식을 완전부정으로 하려면 **Not**

all 대신에 **No**를 쓰면 그만이다. No Swiss watches keep good time.(스위스 시계는 모두 시간이 잘 맞지 않는다).

648	**keep one's word**	약속을 지키다
649	**break one's word**	약속을 어기다

▶ He always *keeps his word*. 그는 항상 약속을 지킨다.
▶ He sometimes *breaks his word*. 그는 때로 약속을 어긴다.

NOTE ● 우리말로는 약속을 어기는 것이지만, 영어에서는 약속을 깨는 것(break)이다.

650	**let in**	들이다, 들어오게 하다
651	**let out**	나오게 하다

▶ Open the window to *let in* fresh air.
시원한 공기가 들어오도록 창문을 열어라.
▶ We opened the window and *let* the stuffy air *out*.
우리는 창문을 열고 탁한 공기를 내보냈다.

참조 **let on** 고자질하다, 폭로하다
He knew the news but he didn't *let on*.
그는 그 소식을 알고 있었으나 발설하지 않았다

652	**lose (one's) face**	체면을 잃다
653	**save (one's) face**	체면을 세우다

▶ He *lost face* with the world. 그는 세상 볼 면목을 잃었다.
▶ He *saved face* before his family.
그는 가족 앞에서 체면을 세웠다.

654	**make at**	…을 향해 나아가다, 습격하다
655	**make away**	급히 가버리다, 도망치다

▶ The dog *made at* me. 개가 나에게 덤벼들었다.
▶ The thief *made away* quickly. 도둑은 재빨리 도망쳤다.

참고 The dog *made for* the stranger.
개는 낯선 사람에게 덤벼들었다.

| 656 | **make litte/light of** | …을 가볍게 여기다, 경시하다 |
| 657 | **make much of** | …을 중요하게 여기다 |

▶ You can't *make litte of* his influence.
그의 영향력을 가볍게 여겨선 안된다.

▶ He *made much of* honor. 그는 명예를 중시했다.

| 658 | **of great use** | 대단히 유용한 |
| 659 | **of no use** | 쓸모없는 |

〈동의어〉 very useful 대단히 유용한, useless 쓸모없는

▶ This book is *of great use* to me.
이 책은 내게 무척 유용하다.

▶ It is *of no use* to complain. 불평해도 소용이 없다.
= It is no use complaining.

NOTE ● **It is of no use + to 부정사** (…해도 소용없다)
= **It is no use + —ing(동명사)**

| 660 | **of much account** | 중요한 |
| 661 | **of no account** | 중요하지 않은 |

〈동의어〉 important 중요한/unimportant

▶ This matter is *of much account*.
이 문제는 대단히 중요하다.

▶ His recommendation is *of no account*.
그의 추천장은 중요하지 않다.

| 662 | **of much/great value** | 가치있는 |
| 663 | **of no value** | 가치가 없는 |

〈동의어〉 valuable 가치있는

▶ This record is *of great value* to those who love popu-
lar music.
이 음반은 대중음악을 사랑하는 사람들에게 무척 귀중한 것이다.

▶ This book may be *of no value* to young man.
이 책은 젊은이들에게는 뜻 가치가 없다.

NOTE ● ⟨of + **추상명사** = **형용사**⟩임을 기억하자.
　　　of consequence　중요한(=important)
　　　of no avail　쓸모없는(=useless)

| 664 | **on duty** | 당번인, 근무 중에 |
| 665 | **off duty** | 비번인, 근무 시간 외에 |

▶ They aren't allowed to smoke while they are *on duty*.
근무 중에는 담배를 피울 수 없다.
▶ I happended to be *off duty* that night.
나는 그날밤 비번이었다.

NOTE ● **be allowed to do** …하는 것이 허락되다
　　　alow＋A＋to do A에게 …하는 것을 허락하다
　　　Allow me *to* introduce Mr. Smith to you.
　　　당신에게 스미스씨를 소개하겠습니다.

| 666 | **on good terms with** | …와 사이가 좋은 |
| 667 | **on bad terms with** | …와 사이가 나쁜 |

▶ My wife is *on good terms with* his.
내 부인은 그의 부인과 사이가 좋다.
▶ He is *on bad terms with* his neighbors.
그는 이웃들과 사이가 나쁘다.

[주의]　복수형의 **terms**는 '관계, 사이'를 의미한다.

| 668 | **on one's face** | 엎드려 |
| 669 | **on one's back** | 누워서 |

▶ He lay *on his face* in the sun.
그는 햇빛을 쬐며 엎드려 있다.
▶ He fell flat *on his back*. 그는 뒤로 털썩 넘어졌다.

참고　이때 **back**은 '등'이란 뜻이다.

| 670 | **on one's guard** | 보초를 서서, 경계하여 |
| 671 | **off one's guard** | 방심하여, 경계를 소홀히 하여 |

- ▶ Be *on your guard* against pickpockets.
  소매치기를 조심하시오.
- ▶ The English are seldom *off their guard*.
  영국인들은 좀처럼 방심하지 않는다.

[주의] **The English**는 집합명사로 복수 취급을 한다. '영어'는 관사 없이 **English,** 혹은 **the English language**로 쓰인다.

| 672 | **on the one hand** | 한편으로 |
| 673 | **on the other hand** | 다른 한편으로 |

- ▶ *On the one hand*, he is quick at figures, but *on the other hand* he sometimes makes mistakes.
  한편으로 그는 계산에 빠르지만, 다른 한편으로는 가끔 실수를 한다.

| 674 | **out of order** | 고장난 |
| 675 | **in order** | 상태가 좋은, 정연한 |

- ▶ Your watch is *out of order*. 네 시계는 고장이다.
- ▶ Your watch is *in order*. 네 시계는 잘 간다.

| 676 | **out of sight** | 보이지 않는(곳에) |
| 677 | **within/in sight** | 보이는 곳에 |

- ▶ The island is still *out of sight*.
  그 섬은 아직도 보이지 않는다.
- ▶ Land came *in sight*. 육지가 보였다.(육지가 눈에 들어왔다.)

| 678 | **sound good** | 듣기에 즐겁다 |
| 679 | **sound bad** | 듣기에 거슬린다. |

- ▶ The music *sounded good*. 그 음악은 듣기에 즐겁다.

▶ Her song *sounded bad*. 그녀의 노래는 귀에 거슬렸다.

NOTE ● **good**과 **bad**를 부사답게 해석하면 훨씬 우리말답다. 그러나 이때의 동사 **sound**는 불완전 자동사로 **good/bad**는 주어의 보어로 쓰인 것이다.

680	**speak well of**	…을 좋게 말하다, 칭찬하다
681	**speak ill of**	…을 나쁘게 말하다, 험담하다

▶ They *speak well of* you. 그들은 당신을 좋게 말한다.
▶ He never *speaks ill of* others.
그는 결코 남을 나쁘게 말하지 않는다.

[주의]　이때 **well/ill**은 부사로 쓰인 것이다. 특히 **ill**이 부사로 쓰인 경우를 잘 기억해둘 필요가 있다.
(속담) Ill got, ill spent. 나쁜 짓해서 번 돈은 오래가지 못한다.

682	**stay in**	집에 있다
683	**stay out**	외출하다

〈동의어〉 go out 외출하다

▶ I *stayed in* all day long yesterday.
나는 어제 하루 종일 집에 있었다.
▶ I will *stay out* late tonight. 나는 오늘 밤 늦게 외출할 것이다.

NOTE ● **dwell in**은 '거주하다, 살다'는 뜻으로, 현재에는 **live**가 쓰이는 것이 보통이다.

684	**take … apart**	…을 분해하다, 분리하다.
685	**put … together**	…을 모으다, 조립하다

▶ It is easy to *take* this machine *apart*.
이 기계를 분해하기란 쉽다.
▶ It took ten minutes to *put* the blocks *together*.
블록을 조립하는데 십분이 걸렸다.

NOTE ● 위 예문에서 **it**는 모두 비인칭 주어(가주어)로 진주어는 **to** 부정사이다.

| 686 | **take heart** | 마음을 고쳐먹다, 힘을 내다 |
| 687 | **lose heart** | 기운을 잃다, 풀이 죽다 |

▶ *Take heart*. Your friends will be with you.
기운내라, 네 친구들이 같이 있어줄 것이다.
▶ I want to cheer her up because she has *lost heart*.
그녀가 풀이 죽어 있어 나는 그녀를 북돋우어 주고 싶다.

| 688 | **taste bitter** | 맛이 쓰다 |
| 689 | **taste sweet** | 맛이 달다. |

▶ A good medicine *tastes bitter*. 좋은 약은 입에 쓰다.
▶ This cake *tastes sweet*. 이 케익은 달콤하다.

NOTE ● 무엇의 맛이라고 정확히 말하고 싶을 때에는 〈**taste of** + **명사**〉의 문형을 사용한다.
This soup *tastes of garlic*. 이 스프에는 마늘 맛이 난다.

| 690 | **think highly of** | 존중하다, 중시하다 |
| 691 | **think nothing of** | 경시하다.
아무렇지도 않게 생각하다 |

▶ She *thinks highly of* wealth. 그녀는 부를 중요시 여긴다.
▶ She seems to *think nothing of* telling a lie.
그녀는 거짓말하는 것을 아무렇지도 않게 생각하는듯 하다.
▶ He *thought nothing of* his assistant.
그는 그의 조교를 경시했다.

[주의] **highly**는 정도를 나타내는 부사로 예문이 수동구문으로 바뀔 경우 **highly**는 과거분사인 **thought**를 수식하게 된다.

참조 Wealth *is highly thought of* by her.

| 692 | **think much of** | …을 중히 여기다 |
| 693 | **think little of** | …을 대수롭지 않게 여기다. |

▶ His boss *thought much of* him.

그의 사장은 그를 중히 생각했다.
▶ He *thinks little of* his rival.
그는 경쟁자를 대수롭지 않게 여긴다.

| 694 | **to/in excess** | 과도하게, 지나치게 |
| 695 | **in moderation** | 적당하게 |

〈동의어〉 excessively 과도하게, moderately 적당하게

▶ He is generous *to excess*. 그는 지나치게 관대하다.
▶ Alcoholic drinks are not harmful when they are taken *in moderation*.
알콜 음료는 적당하게 마시면 해가 되지 않는다.

참고 exercise moderation in drinking 술을 절제하다

| 696 | **to one's face** | …를 맞대 놓고 |
| 697 | **behind one's back** | …이 없는 곳에서 |

〈동의어〉 before one's face 면전에서

▶ I couldn't say it *to his face*.
그의 얼굴을 빤히 보면서 그것을 말할 수는 없었다.
▶ He always speaks ill of others *behind their back*.
그는 없는 곳에서 항상 남을 헐뜯는다.

| 698 | **turn off** | 끄다 |
| 699 | **turn on** | 켜다 |

▶ Please *turn off* the radio. 라디오를 꺼주십시요,
▶ Do you mind if I *turn on* the television?
텔레비젼을 켜도 될까요?

NOTE ● 여기에서 전자제품의 **on/off**가 나왔다.

| 700 | **what is better** | 금상첨화로 |
| 701 | **what is worse** | 설상가상으로 |

▶ She is beautiful, and *what is better*, a good cook.

그녀는 아름다울 뿐아니라, 거기다 더해서 훌륭한 요리사이기도
하다.

▶ It became dark, *what is worse* it rained heavily.
어두워졌다. 게다가 설상가상으로 비까지 억수로 내렸다.

702	**with difficulty**	가까스로
703	**without difficulty**	쉽사리

〈동의어〉 difficultly 가까스로, easily 쉽사리

▶ She passed the examination *with difficulty*.
그녀는 어렵게 시험을 통과했다.
▶ I can do such a thing *without difficulty*.
나는 쉽게 그런 일을 할 수 있다.

704	**within one's reach**	힘이 미치는 범위내에
705	**above/out of one's reach**	힘이 미치지 않는 곳에

▶ The work is *within your reach*.
그 일은 네 능력 범위 안에 있다.
= You can do the work. 너는 그 일을 할 수 있다.
▶ Keep the bottle *out of the baby's reach* .
아기의 손이 닿지 않는 곳에 그 병을 두어라.

NOTE ● That problem is *above my reach*. 저 문제는 내 능력 밖이다.

QUESTION BOX

* more than의 정확한 의미는?

사전을 찾아보면 more than…은 '…이상'이라고 번역되어 있다. 그렇다면 I have got more than ten books.를 번역할 때에도 당연히 〈나는 10권 이상을 책을 얻었다〉가 될 것이다.

그러나 more than ten books의 정확한 의미는 '11권 이상'이다. 수학적 개념에서 '이상'이란 것은 그 수를 포함하는 것이다. 즉 '10권 이상'이라고 하면 10이 포함된다.

그럼 우리말에서 '10권 이상'을 영어로 표현하려면 어떻게 해야 할까? 정확히 표현하면 'ten or more books'가 되어야 한다.

따라서 He is more than 30 years old.를 정확히 번역하자면 〈그는 31살 이상이다〉라고 해야 한다.

'이하'와 '미만'이란 개념도 마찬가지이다. 가령 '50이하'란 50을 포함하는 개념이므로 영어로는 50 and less가 된다. 반면에 '50미만'은 50을 포함하지 않으므로 우리가 알고 있듯이 less than 50을 사용하면 된다.

5

동사 역할을 하는 숙어

<table><tr><td>706</td><td>add to</td><td>…을 더하다</td></tr></table>

〈동의어〉 increase

▶ The novel *added to* his reputation.
그 소설이 그의 명성을 더했다.
▶ This will *add to* our pleasure.
이것이 우리를 더욱 즐겁게 할 것이다.

NOTE ● **add A to B** A를 B에 더하다
I *added* a new coin *to* my collection.
나는 새 동전을 내 수집품에 더했다

<table><tr><td>707</td><td>admit of</td><td>…의 여지가 있다</td></tr></table>

▶ The problem *admits of* discussion.
그 문제는 토론의 여지가 있다.
▶ Her conduct *admits of* no excuse.
그녀의 행동은 변명의 여지가 없다

NOTE ● 이 숙어는 주로 문어체에서 쓰인다.

<table><tr><td>708</td><td>aim at</td><td>목표로 삼다</td></tr></table>

▶ All of us *aim at* success. 우리 모두가 성공을 목표로 한다.

NOTE ● **aim A at B** A를 B를 향해 던지다
She *aimed* a dish *at* her husband.
그녀는 접시를 남편을 향해 던졌다

<table><tr><td>709</td><td>allude to</td><td>넌지시 말하다, 언급하다</td></tr></table>

▶ The article *alludes to* the event now forgotten.
그 기사는 지금은 잊혀진 사건을 언급하고 있다.

<table><tr><td>710</td><td>appeal to</td><td>…에 호소하다.</td></tr></table>

▶ Pictures *appeal to* the eyes. 그림은 눈에 호소하는 법이다.

NOTE ● 동의어 : **make an appeal to** …에 호소하다

711 approve of　　　　…에 찬성하다

▶ I *approve of* what you say.
나는 네가 말하는 것에 찬성한다.

NOTE ● **approve of one's …ing** …하는 것을 승인하다
I don't *approve of* her coming back so late.
나는 그녀가 그렇게 늦게 오는 것을 찬성하지 않는다

712 ascribe A to B　　　A를 B의 탓으로 돌리다.

▶ He *ascribed* his failure *to* bad luck.
그는 실패를 불운으로 돌렸다.

NOTE ● 동의어 : **attribute A to B**

713 attach A to B　　　A를 B에 붙이다.

▶ I *attached* a label *to* the parcel.
나는 소포에 꼬리표를 붙였다.

[참고]　자동사로 **attach to** …에 소속하다, 달라붙다

714 attribute A to B　　A를 B의 탓으로 돌리다.

▶ They *attirbuted* his success *to* good luck.
그들은 그의 성공을 운이 좋은 탓으로 돌렸다.

[참고]　**ascribe** A **to** B A를 B의 탓으로 돌리다 (⇨ 429)

715 bear fruit　　　　결실을 보다

▶ I hope your study will *bear* good *fruit* some day.
네 연구가 언젠가 좋은 결실을 보기를 바란다.

716 begin with　　　　…로 시작하다

▶ Let's *begin with* Chapter 3. 3장 부터 시작합시다.

[참고]　**to begin with** 우선, 첫째로

[주의]　의미에 따라서 **begin from**을 쓰지 않도록 주의할 것

717　believe in　　　　…의 존재를 믿다

▶ Do you *believe in* ghosts? 너는 유령이 있다고 믿느냐?

NOTE ● **believe him**은 '그가 하는 말이 정말이라고 믿는 것'이며,
believe in him은 '그의 인격을 믿는다'는 뜻이다.

718　belong to　　　　…에 속하다, …의 것이다

▶ This house *belongs to* my uncle.
＝ This house is my uncle's. 이 집은 내 삼촌의 것이다.

719　betray oneself　　무심코 본성을 드러내다

▶ Anger has made him *betray himself.*
분노는 그에게 본성을 드러내게 만들었다.

720　break A into pieces　A를 산산조각내다

▶ He *broke* the bottle *into pieces.* 그는 병을 산산조각냈다.

[참고]　**fall/come to pieces** 산산조각나다

721　bring down　　　　(물가 등을) 내리다

▶ They have *brought down* the prices of clothing.
그들은 옷 가격을 내렸다.

[주의]　**clothing**은 '의복'을 총칭하는 집합명사로 단수취급을 하며,
복수형을 언제나 갖는 **clothes**와 동의어적 개념이다.
a suit of clothes 옷 한벌

722　bring A home to B　B에게 A를 뼈저리게 느끼게 하다

▶ I *brought home to* him the importance of the matter.
나는 그 문제의 중요함을 그에게 뼈져리게 느끼게 했다.

NOTE ● 이때 목적어는 **the importance of the matter**이다.

723 **burn down** 완전히 태워버리다

▶ The house was *burnt down.* 그 집은 완전히 타버렸다.
▶ The building *burnt down* to ashes.
그 건물은 타서 재가 되어 버렸다.

724 **burst upon** …에 갑자기 나타나다

▶ The sea *burst upon* our view.
바다가 우리 눈 앞에 갑자기 나타났다

725 **call forth** (용기 등을) 불러 일으키다

▶ The proposal *called forth* a good deal of hostile criticism. 그 제안은 많은 적대적인 비난을 불러 일으켰다.

참고 **bring forth** 낳다, 일으키다

726 **care about** …을 걱정하다

▶ He doesn't *care about* money.
그는 돈 걱정을 하지 않는다.

NOTE ● **care (about)** + 의문사절 …에 마음쓰다, 걱정하다
I don't *care about* what will happen.
나는 무슨 일이 일어나던 신경쓰지 않는다.

727 **catch up** 급히 집어올리다.

▶ Fallen leaves were *caught up* in a sudden wind.
낙엽들이 갑작스런 바람에 날아 올라갔다.

728 **come into existence** 생기다, 성립하다

> When did this word *come into existence*?
이 단어는 언제 생겼습니까?

NOTE ● 타동사적 의미로는 **bring** …**into existnce** '생기게 하다'

---

729 **come into use** 　　사용되다

〈동의어〉 be used

> This word *came into use* after World War II.
이 단어는 2차 대전 후에 사용되었다.

---

730 **come out** 　　나오다, (결과가) …이 되다

> When did the movie *come out*?
그 영화는 언제 나왔습니까?
> How did the movie *come out*?
그 영화는 끝이 어떻게 되었습니까?

---

731 **come true** 　　실현되다

> My dream *came true*. 내 꿈은 실현되었다.

[참고] **hold true** 여전히 사실이다

---

732 **come upon** 　　우연히 마주치다, (불시에) 습격하다

> I *came upon* them in Pusan.
나는 그들과 부산에서 우연히 마주쳤다,
> Suddenly a terrible storm *came upon*.
갑자기 무서운 폭풍이 몰아쳤다

[참고] **come upon** … **for** － …에게 －을 요구하다
He came upon her for a wine.
그는 그녀에게 와인 한 잔을 부탁했다

---

733 **command a fine view** 　　전망이 좋다

> My house *commands a fine view*. 내 집은 전망이 좋다.

 a hill commanding the sea 바다가 내려다 보이는 언덕

734 **complain of** …을 불평하다

▶ Mother is always *complaining of* high prices.
어머니는 물가가 높다고 항상 불평하신다.

NOTE ● **complain to A of/about** A에게 B를 불평하다
complain to A that … A에게 …하다고 불평하다
He *complained to* me *that* the work is too hard.
그는 나에게 일이 너무 힘들다고 불평했다.

735 **comply with** (요구 등에) 응하다

〈동의어〉 obey

▶ I can't *comply with* your request.
나는 당신 요구에 응할 수 없다.

736 **confound A with B** A와 B를 혼돈하다.

〈동의어〉 confuse A with B

▶ American often *confound* the Korean *with* the Chinese. 미국인은 가끔 한국인과 중국인을 혼돈한다.

NOTE ● **confound, confuse** 모두 명사형은 **confusion**이다.

737 **cut a figure** 두각을 나타내다, 이채를 띠다

▶ He is *cutting a* brilliant *figure* in his class.
그는 그의 학급에서 두각을 나타내고 있다.

NOTE ● 반의어 : **cut no figure** 축에 끼지 못하다

738 **deceive oneself** 잘못 생각하다, 헛된 희망을 걸다

▶ Don't *deceive yourself.* 네 자신을 속이지 마라.

NOTE ● **be deceived in** …을 잘못 보고 있다
We have been deceived in him. 우리는 그를 잘못 보고 있었다.

deliver oneself of   (의견 등을)진술하다, 말하다

▶ She *delivered herself of* her opinion.
그녀는 자기 의견을 말했다.

참고   **be delivered of** …을 낳다, (시를) 짓다
She *was delivered of* two sons. 그녀는 아들 둘을 낳았다

740 depend on/upon   …에 의존하다, …에 달려있다

▶ Don't *depend upon* others. 다른 사람들에게 의지하지 마라
▶ Her success will *depend on* her efforts.
그녀의 성공은 그녀의 노력여하에 달려있다,

NOTE ● **resort to** …에 자주가다, …에 의존하다

741 derive A from B   B로부터 A를 끌어내다

▶ He *derives* much pleasure *from* reading.
그는 독서에서 많은 기쁨을 얻는다.

참고   자동사로 쓰인 경우,
Our victory *derived from* our hard training.
우리의 승리는 고된 훈련의 산물이다.

742 differ from   …와 다르다

▶ He *differs from* his brother. 그는 형과는 다르다.

[주의]   **differ**는 자동사이므로 **differ oneself from**이라는 형태로 쓰일 수 없다.

743 dispense with   …없이 견디다

〈동의어〉 do without

▶ I can *dispense with* your advice.
= Your advice is dispensable to me.
나는 네 조언없이 살아갈 수 있다.

744 **dispose of**　　　　　　…을 처분하다

〈동의어〉 get rid of

────────────────────────────────

▶ We must *dispose of* waste. 쓰레기를 처분해야만 한다.

참고　**be disposed to + 동사** … 하고 싶다
I *am disposed to* agree with him.
나는 그의 생각에 동의하고 싶다.

745 **do … a favour**　　　　…은혜를 베풀다,
　　　　　　　　　　　　　　…의 부탁을 들어주다

▶ Will you *do* me *a favour*? 내 부탁을 들어주겠습니까?

참고　**look with favor on** …에게 호의를 보이다

746 **do justice to + 사람/사물**　올바르게 평가하다

▶ I'd like to *do justice to* both sides.
나는 양쪽을 공평하게 다루고 싶다.
▶ The portrait doesn't *do him justice*.
그 초상화는 실물과 같지 않다.

NOTE ● 〈to + 사람〉이 간접목적어로 변한 두번째 예문은 3형식 문장이다. 따라서 **The portrait doesn't do justice to him**으로 바꾸어 쓸 수 있다.

747 **do one's best**　　　　　최선을 다하다

▶ They *did their best* to help me.
그들은 나를 돕기 위해 최선을 다한다

748 **do the sights of**　　　　구경하다, 관광하다

▶ I didn't have time to *do the sights of* Naples.
나는 나폴리를 관광할 시간이 없었다.

[주의]　**sights**가 복수형임에 주의할 것

 dream of　　　　　　　…을 꿈꾸다

> ▶ I never *dreamed of* seeing you here.
> 너를 여기에서 볼지 꿈도 꾸지 못했다.
> ▶ He wouldn't *dream of* telling her a lie.
> 그는 그녀에게 거짓말할 생각은 꿈도 꾸지 않았다.

참고　I *dreamed* (that) I could pass the exam.
나는 내가 시험에 합격할 수 있다고 꿈꾸어 보았다.

750　**dress up**　　　　　　정장하다

> ▶ She *dressed up* for her birthday party.
> 그녀는 생일파티에 참석하기 위해 옷을 차려 입었다.

참고　**be dressed up** 옷을 잘 차려 입다.

751　**earn one's living**　　밥벌이하다, 생계를 꾸리다

> ▶ She *earns her living* by teaching English.
> 그녀는 영어를 가르치는 것으로 생계를 유지한다.
> ▶ He *earns a living* as a clerk.
> 그는 회사원으로 생계를 꾸려간다.

752　**entitle … to + 동사원형/명사**　　…에게 −할 자격을 주다

> ▶ We *entitled* him *to do* it.
> 우리는 그에게 그것을 할 자격을 주었다.
> ▶ He is *entitled to* the prize. 그는 그 상을 받을 자격이 있다.

753　**exchange A for B**　　A를 B와 교환하다

> ▶ I *exchanged* five apples *for* three oranges.
> 나는 사과 다섯 개를 오렌지 세 개와 바꾸었다.

NOTE ● 위에서 B가 사람인 경우에는 **with**를 쓴다.
She *exchanges* smiles *with* him. 그녀는 그와 미소를 나누었다.

● **exchange**는 주로 교환한다는 뜻이며, **change**는 바꾼다는 뜻
이다.

---

754 fall a victim to   …의 희생물이 되다

▶ She *fell a victim to* her mother's ambition.
그녀는 어머니 야망의 희생양이 되었다.

NOTE ● 동의어 : **become/be made the victim of**

---

755 fall back upon/on   …에 의지하다

▶ I can *fall back on* the money I have saved.
나는 저축해놓은 돈에 의지할 수 있다.

---

756 fall in love with   …와 사랑에 빠지다

▶ He *fell* deeply *in love with* her.
그는 그녀와 깊은 사랑에 빠졌다.

참고   **fall to + 명사/동명사** …을 시작하다
I *fell to* eating. 나는 먹기 시작했다.

---

757 feel like + 동명사   …하고 싶다

▶ I *feel like* taking a walk with you.
당신과 산책을 하고 싶다.

[주의]   **feel like** 다음에는 명사나 동명사가 온다.
I *feel like* a cup of water. 물 한 컵을 마시고 싶다

---

758 flatter oneself that + 절   은근히 …라고 생각하다,
우쭐해 하다

▶ He *flattered himself that* he was no fool.
그는 자신이 바보가 아니라고 은근히 믿고 있었다.

NOTE ● **flatter oneself on being clever** 머리가 좋다고 우쭐해하다
= flatter oneself on one's cleverness.

759 **furnish A with B**   A에게 B를 공급하다

▶ They *furnished* us *with* food.
그들은 우리에게 음식을 제공했다.

NOTE ● 동의어 : **supply A with B = provide A with B**

760 **get along with**   …와 사이좋게 지내다
(일 등이) 되어가다, 진척되다

▶ He seems to *get along with* all his friends.
그는 모든 친구들과 사이좋게 지내는 것 같다.
▶ How are you *getting along with* your work?
네 일은 어떻게 되어가고 있느냐?

참고 **get along** 지내다, 해나가다(=manage)
How are you *getting along*? 어떻게 돼가고 있습니까?

761 **get on with**   …을 진척시키다
사이좋게 지내다

▶ How is he *getting on with* his work?
그는 일을 잘 진척시키고 있느냐?
▶ He *got on with* anybody. 그는 누구와도 잘 지냈다.

762 **get out of**   …에서 나가다

▶ I saw a stranger *get out of* my room.
낯선 사람이 내 방에서 나오는 것을 보았다.

참고 get out of the car = get off the car 차에서 내리다

763 **give/cause offence to** …을 성나게 만들다.

▶ His conduct *gave offence to* me.
그의 행동은 나를 화나게 만들었다.

참고 **commit an offence against** …을 위반하다

764 **give place to** …에게 자리를 양보하다

▶ The old should *give place to* the new.
기성세대는 신세대에게 자리를 물려주어야만 한다.

NOTE ● **the** + 형용사 : …인 사람들

765 **go astray** 길을 잃다, 헤매다

▶ Please be careful not to *go astray.*
길을 헤매지 않도록 조심하십시요

참고 **lead one astray** …을 잘못된 길로 인도하다

766 **go mad** 미치다

▶ He is said to have *gone mad.* 그는 미쳤다는 소리를 듣는다.

참고 **be mad with joy** 몹시 기뻐하다

767 **go short of** …없이 해나가다

▶ we had to *go short of* rich funds.
우리는 풍부한 자금없이 해나가야만 했다.

참고 **come short of** …에 미치지 못하다

768 **go through** …을 경험하다, 통과하다

▶ He has *gone through* many difficulties.
그는 많은 어려움을 이겨냈다.

NOTE ● **go through with**는 …을 끝까지 해내다(=complete)라는 뜻
이 된다.
He is determined to *go through with* the undertaking.
그는 맡은 일을 끝까지 해내기로 마음먹었다.

769 **graduate from** 졸업하다

▶ I *graduate from* Havard. 나는 하버드를 졸업했다.

 graduate in + **학과** …을 졸업하다
He *graduated in* law. 그는 법학과를 졸업했다.

770 **grow into**　　　　　　…으로 발전하다, 익숙해지다

▶ Friendship often *grow into* love.
종종 우정은 사랑으로 발전한다.
▶ Have you *grown into* the new job?
새 일에 익숙해졌느냐?

771 **grow up**　　　　　　성장하다

▶ She *grew up* to be a lovely woman.
그녀는 사랑스런 여자로 성장했다.

NOTE ● **grown－up** : (형) 성장한, (명) 성인

772 **hand A down to B**　　A를 B에게 물려주다

〈동의어〉 pass on A to B

▶ The sword was *handed down* from father *to* son.
그 칼은 아버지에게서 아들에게로 전해졌다.

773 **have a look at**　　　…을 (얼핏) 보다

▶ I *had a look at* the paper before breakfast.
나는 아침 먹기 전에 신문을 한 번 훑어보았다

NOTE ● **have a look of**는 …와 닮다(＝resemble)이란 뜻이다.
She *has a look of* her mother. 그녀는 어머니를 닮았다.

774 **have a mind to**　　　…할 마음이 생기다

▶ He *has a mind to* learn French.
나는 불어를 배울 생각이다.

[주의]　　**have a mind to** 다음에는 동사의 원형을 쓴다.

775 have influence on   ···에 영향을 끼치다

▶ He *had* great *influence on* his students.
= He greatly influenced his students.
그는 학생들에게 많은 영향을 끼쳤다.

776 have ··· to oneself   ···을 독점하다

▶ My son wants to *have* this room *to himself*.
내 아들은 이 방을 독점하고 싶어한다.

777 hear say of   ···에 대한 소문을 듣다

▶ I have *heard say of* his marriage.
나는 그의 결혼을 소문으로 들었다.

[주의] **hear**를 지각동사로 이해하면 쉽다

778 help oneself to   ···을 마음껏 먹다

▶ Please *help yourself to* more cheese.
치즈들을 마음껏 드십시요.

참고 **help A (to) do** : A가 ···하는 것을 돕다
She helped *her mother (to)* wash dishes.
그녀는 어머니가 설겆이하는 것을 도왔다.

779 hit the mark   적중하다, 핵심을 찌르다

▶ You *hit the mark* when you said he would come.
그가 언제 올 것이라고 했던 네 말이 적중했다.

NOTE ● 동의어 : **hit the nail on the head**

780 identify A with B   A와 B를 동일시하다

▶ You *identify* yourself *with* one of the characters.
너는 등장인물 중의 하나와 너 자신을 동일시하고 있다.

  identify A as B A를 B로 인지하다, 판정하다
The policeman *identified* the man *as* a thief.
경찰은 그 남자를 도둑으로 판단했다.

781 impose A upon/on B   A를 B에 강요하다/부가하다

▶ Duties were *imposed on* foreign wines.
외제 포도주에 세금이 부가되었다.
▶ You shouldn't *impose* your opinion *on* others.
네 의견을 남에게 강요하지 마라.

NOTES ● **impose on**：～을 기회로 삼다
He has *imposed on* your good nature.
그는 너의 좋은 성격을 이용했다.

782 inform A of B   A에게 B를 알리다

▶ I *informed* him *of* the date of my arrival.
나는 그에게 내 도착날짜를 알렸다.

[참고] **inform A with B** A에게 B를 가르치다
He *informed* me *with* new life.
그는 나에게 새 생명을 불어넣었다

783 insist on   …을 주장하다

▶ I *insisted on* his going with me.
나는 그가 나와 함께 가기를 고집했다.
= I insisted that he (should) go with me.

784 intend A for B   A를 B로 할 작정이다

▶ We *intend* our son *for* a physician.
우리는 아들을 의사로 만들 작정이다.
▶ This gift is *intended for* you. 이 선물은 너에게 줄 것이다.

[주의] **for B**를 대신해서 **to** 부정사가 쓰일 수 있다
This building *was intended to* be a library.

이 건물은 도서관으로 사용될 예정이었다.

---

785 **keep abreast of**　　…와 병행하다, 뒤지지 않고 따라가다

▶ John is always making efforts to *keep abreast of* the times. 존은 시대에 뒤지지 않으려고 항상 노력한다.

NOTE ● 동의어 : **keep pace with** (⇨ 790)

---

786 **keep … at a distance**　　…을 멀리하다

▶ He *keeps* his neighbors *at a distance*.
= He keeps his distance from his neighbors.
그는 이웃사람들과 거릴 두고 지낸다.

---

787 **keep back**　　숨겨두다

▶ I won't *keep* anything *back* from you.
나는 네게 아무 것도 숨기지 않을 것이다.

---

788 **keep early hours**　　일찍 자고 일찍 일어나다

▶ Generally speaking, old men *keep early hours*.
일반적으로 말해서, 노인은 일찍 자고 일찍 일어난다.

---

789 **keep out**　　안에 들이지 않다, 밖에 내놓다

▶ Fine weather *kept* me *out* all afternoon.
날씨가 좋아서 오후내내 밖에 있었다.

NOTE ● 일반적으로 무생물 명사가 주어로 쓰일 때, 그 주어는 부사적으로 해석하는 것이 우리말에 어울린다.

---

790 **keep pace with**　　…와 보조를 맞추다

▶ I can't *keep pace with* your plan.
나는 네 계획에 보조를 맞출 수 없다.

참고　**at a foot's pace** 보통 걸음으로

791 know better than   …할 만큼 어리석지 않다

▶ I *know better than* to believe that.
나는 그것을 믿을 만큼 어리석지 않다.

NOTES ● 뒤에는 보통 **to** 부정사가 사용된다.

792 lay … to heart   …을 가슴에 새기다, 명심하다

▶ I *laid* his advice *to heart*. 나는 그의 충고를 깊이 새겼다.

793 learn/know … by heart   …을 암기하다, 외우다

〈동의어〉 memorize

▶ I am trying to *learn* the poem *by heart*.
나는 그 시를 암송하려 애쓰고 있다.

794 leave (사람) to oneself   (사람을) 멋대로 내버려 두다

▶ He *left* his daughter *to herself*.
그는 딸이 하고 싶은대로 내버려 두었다.
▶ Children were *left* very much *to themselves* during the
holidays. 아이들은 휴가동안 꽤 많이 방임되어 있었다.

[주의]   이때 **oneself**는 목적어의 인칭·수에 따라 형태가 변한다.

795 let up   (비, 바람 등이) 그치다, 늦추다

▶ The rain did not *let up* even after midnight.
비는 자정이 지난 후에도 그치지 않았다.

796 lie in   …에 있다

〈동의어〉 consist in

▶ The trouble *lies in* the engine. 고장은 엔진에 있다.

[참고]   **lie on** …의 책임이다

It *lies on* them to prove. 증명하는 것은 그들 책임이다.

797　listen to　　　　　…에 귀를 기울이다.

▶ *Listen to* what I'm going to say.
내가 말하려는 것에 귀를 기울여라.

[주의]　**hear**는 의도가 없이 듣는 것을 말하고, **listen to**는 분명히 듣겠다는 의지가 담겨있다.

798　live on　　　　　…에 의지해 살다, …을 먹고 살다

▶ He *lives on* his father. 그는 아버지에 의지해 산다.
▶ We *live on* rice. 우리는 쌀을 주식으로 한다.

[주의]　**on**의 반대어인 **off**가 쓰인 **live off**도 〈…에 의존해 생활하다〉는 뜻으로 동의어가 된다.

799　long for　　　　　…을 열망하다

▶ He *longs for* fame. 그는 명예를 갈구한다.
▶ I'm *longing for* holidays. 나는 휴일을 목놓아 기다린다.

참고　I *longed for* him *to* say something.
나는 그가 무언가 말해주기를 바랬다.
I *long to* go home. 나는 집에 무척가고 싶다.

800　look back upon/on　　　회고하다

〈동의어〉 recall

▶ We *look back upon* the good old days.
우리는 좋았던 옛 시절을 회고한다.

801　look through　　　충분히 조사하다, 검토하다

▶ *Look through* your paper before you hand in.
답안을 제출하기 전에 충분히 검토해라.

802　lose no time in ＋ 동명사　　　즉시 … 하다

▶ He *lost no time in beginning* work.
= He began work at once. 그는 지체없이 일을 시작했다.

[주의]　동명사가 쓰인데 유의할 것

803　make a fortune　재산을 모으다

▶ He *made a fortune* out of microcomputer.
그는 마이크로 컴퓨터로 돈을 모았다.

NOTE ● 이때 **fortune**은 셀 수 있는 명사로 '재산'이란 뜻이다.
a man of fortune 재산가

804　make a point of ＋ 동명사　…하는 것을 규칙으로 삼다

▶ I *make a point of getting* up at seven.
나는 7시에 일어나는 것을 규칙으로 삼는다.

[주의]　동명사가 쓰이는 것에 주의할 것.

805　make an excuse for　…에 대해 변명하다

▶ He *made an excuse for* being late.
그는 늦은데에 대해 변명했다.

[주의]　물론 전치사 **for** 다음이므로 동사가 오려면 동명사가 된다.

806　make both ends meet　수지를 맞추다

▶ He was not able to *make both ends meet* on his small salary. 적은 월급으로는 수지를 맞출 수 없었다.

[주의]　**make**를 사역동사로 해석하여 '양쪽 끝을 만나게 하다'로 생각하면 쉽게 외울 수 있다.

807　make certain　확인하다
808　make sure

▶ You had better *make sure* by consulting your dictionary. 사전을 참고해서 확인해두는 것이 낫다.

[주의]　**make certain/sure of** …을 확인하다

[참고]　**be certain/sure of** …을 확신하다
I *am* not so *sure of* his honesty.
그의 정직함을 그렇게 확신하지는 않는다.

809　**make money**　　돈을 벌다

▶ He is very good at *making money*.
그는 돈을 버는데 매우 능숙하다.

[주의]　**make a fortune**과 관사의 사용을 비교해 볼 것

810　**make oneself understood**　자신을 이해시키다

▶ Can you *make yourself understood* in English?
너는 영어로 네 자신을 이해시킬 수 있니(의사소통을 할 수 있니)?

811　**make room for**　　…을 위해 자리를 양보하다

▶ Would you please *make room for* this lady?
이 아가씨를 위해 자리를 양보하시겠습니까?

[참고]　**leave room for** …을 위한 여지를 남겨 놓다

812　**make sense**　　뜻을 이해하다, 뜻이 통하다

▶ His explanation doesn't *make sense*.
그의 설명은 무슨 뜻인지 알 수가 없다.

[참고]　**make sense of** …의 의미를 이해하다

813　**make the most of**　　…을 충분히 이용하다
814　**make the best of**

▶ *Make the most of* your opportunities.
네 기회를 충분히 이용해라.

815 **make time to + 동사원형**　시간을 내어 …하다

▶ Can you *make time to* attend the meeting?
모임에 참석할 시간을 낼 수 있겠느냐?

참고　I *have* not much *time* for reading.
나는 독서할 시간이 별로 없다.
There is no time to lose. 허비할 시간이 없다.

816 **mix up**　혼동하다

▶ She often *mixes up* fancies with realities.
그녀는 가끔 공상과 현실을 혼동한다.

참고　mix A **with** B : A와 B를 섞다
She *mixed* flour *with* sugar. 그녀는 밀가루와 설탕을 섞었다.

817 **oppose oneself to**　…에 반대하다

▶ We *opposed ourselves* strongly *to* the Parliament passing the bill.
우리는 국회에서 그 법이 통과되는 것을 강력히 반대했다.

[주의]　**oppose oneself to** 다음에는 명사나 동명사가 쓰인다.

참고　〈**oppose + 사람 + 동명사** : 사람이 …하는 것을 반대하다〉
His parents didn't *oppose him going* abroad.
그의 부모는 그가 외국에 가는 것을 반대하지 않았다.

818 **order A from B**　A를 B에게 주문하다

▶ I *ordered* a book *from* France.
나는 책을 프랑스에서 주문했다.

819 **owe A to B**　A는 B 덕분이다
A를 B에게 빚지다

▶ I *owe* my success *to* his help. 내 성공은 그의 도움 탓이다.

[주의] 숙어에서 A가 금전으로 표현될 때에는 4형식의 문장이 가능
하다.
I *owe* 10 dollars *to* you = I owe you 10 dollars.
나는 너에게 10달러를 빚지고 있다.

820 pay attention to   …에 주목하다

〈동의어〉 heed

▶ He never *pays attention to* what I say.
그는 결코 내가 하는 말에 주목하지 않는다.

NOTE ● 반의어 : **pay no attention to**

821 play a part   역할을 하다
822 act a part

▶ She *played an* important *part* at the meeting.
그녀는 모임에서 중요한 역할을 했다.

823 play a trick on   …에게 장난질하다, …을 속이다

▶ He *played a* silly *trick on* me.
그는 나에게 어리석은 장난질을 쳤다.

824 point out   …을 지적하다

▶ I *pointed out a* mistake in the composition.
나는 그 문장에서 실수 하나를 지적했다.

825 point to   …을 가리키다

▶ The hand of the clock *points to* 5.
시계 바늘이 5시를 가리킨다.

참고 **point at**…도 같은 의미로 사용될 수 있다
It is rude to *point at* a person.
사람을 손가락으로 가르키는 것은 무례한 짓이다.

826   **prefer A to B**   B보다 A를 더 좋아하다

▶ I *prefer* pears *to* apples.
= I like pears better than apples.
나는 사과보다 배를 더 좋아한다.

827   **prepare oneself for**   …을 준비하다

▶ He *prepares himself for* the examination.
그는 시험준비를 하고 있다.

[참고] 자동사로 쓰여, **prepare for/against** …을 대비하다
You must *prepare for* the worst.
최악의 경우를 대비해야만 한다.

828   **present oneself**   참석하다, 출석하다

▶ He *presented himself* at the party.
그는 파티에 참석했다.

[참고] 재귀적 용법으로 '모습을 보이다, 나타나다'는 뜻을 만든 것이다.
If any difficulty *presents itself*, come to me.
어떤 어려움이 생기면 내게 오시오.

829   **present A with B**   A에게 B를 선물하다

▶ We *presented* him *with* a watch.
= We presented a watch to him.
우리는 그에게 시계를 선물했다.

[참고] **present A to B** A를 B에게 소개하다
May I *present* my sister *to* you?
당신에게 내 누이를 소개해도 될까요?

830   **prevail upon/on**   설득하다

▶ I tried, but could not *prevail on* him.
노력했지만 그를 설득할 수 없었다.

참고 　**prevail on 사람 to do** : 사람에게 …하도록 설득하다
I *prevailed on* her *to* accept the invitation
나는 그녀가 초대에 응하도록 설득했다.

831　protect A from/ against B　　A를 B로부터 보호하다

▶ She is wearing dark glass to *protect* her eyes *from* the sun.
그녀는 햇빛에서 눈을 보호하기 위해 선글래스를 끼고 있다.

참고 　**defend A from/against B** A를 B로부터 지키다.

832　provide against　　…에 대비하다

〈동의어〉 prepare against

▶ We must always *provide against* accidents.
우리는 항상 사고에 대비하고 있어야만 한다.

[주의]　전치사 **for**를 사용해도 된다. 그러나 **for**는 '…에 댈 수 있도록'이란 의미, **against**는 '…의 예방으로'란 뜻으로 해석된다.

833　reduce A to B　　A를 B로 줄이다, A를 B로 바꾸다

▶ We have *reduced* our expenditure almost *to* nothing.
우리는 경비를 거의 제로 상태로 줄였다.

[주의]　**to** 이후에는 명사나 동명사가 온다
I *reduced* his speech *to* writing.
나는 그의 연설을 원고로 옮겼다.

834　remind A of B　　A에게 B를 생각나게 하다

▶ The picture *reminded* her *of* her younger days.
이 그림은 그녀에게 젊은 시절을 생각나게 만들었다.

835 rest upon/on   …을 믿다

▶ I can not *rest on* your promise.
나는 네 약속을 믿을 수 없다.

참고 **rest with** (선택, 결정이) …에 달렸다
It *rests with* you to decide.
= It lies on you to decide. 결정은 너에게 달렸다.

836 rise to one's feet   일어서다

▶ He *rose to his feet* to shake hands with me.
그는 나와 악수하려고 일어섰다.

837 run the risk of   …한 위험을 무릅쓰다

▶ He *ran the risk of* losing his life.
그는 목숨을 잃을 위험을 무릅썼다.

참고 **at all risks** 어떤 위험을 무릅쓰고라도

838 say A to oneself   A를 혼자 속으로 생각하다

▶ I *said to myself,* "He doesn't like me."
나는 혼자 속으로 그가 나를 좋아하지 않는다고 생각했다.

참고 **be said to do** …한다고 한다
He is said to be the best student in the class.
= It is said that he is the best student in the class.
그는 자기 반에서 가장 우수한 학생이라고 한다.

839 seek for   …을 찾다

〈동의어〉 search for

▶ He is *seeking for* employment.
그는 지금 직장을 찾고 있다.

NOTE ● …을 찾는다는 개념에서는 **search**보다는 **seek**가 일반적으로 쓰인다.

---

840 **see to** …에 주의하다, …을 처리하다

〈동의어〉 deal with

▶ I'll *see to* my health. 나는 건강에 주의할 것이다.
▶ Leave it to me. I'll *see to* it.
　내게 맡겨라, 내가 그것을 처리하겠다.

---

841 **send for** …을 부르러 사람을 보내다

▶ We *sent for* a doctor at once.
　우리는 즉시 의사를 부르러 사람을 보냈다.

[참고] 타동사이면, **send A for B** B를 가지러 A를 보내다
I *sent* the porter *for* my baggage.
나는 내 짐을 찾으러 짐군을 보냈다.

---

842 **send out** 방출하다, 내보내다

▶ The sun *sends out* light and heat.
　태양은 빛과 열을 방출한다.

[참고] **send for** …을 부르러 보내다, …을 가지러 보내다
I *sent for* a doctor 나는 의사를 부르러 보냈다.
He *sent for* an umbrella. 그는 우산을 가지러 보냈다.

---

843 **set off** 출발하다

〈동의어〉 start

▶ He *set off* for Italy yesterday.
　그는 어제 이태리를 향해 출발했다.

NOTE ● 동의어 : **set out (for)** …을 향해 출발하다

---

844 **settle down** 정착하다

> He *settled down* in his home town.
그는 고향마을에 정착했다.

참고　**settle in** …에 거처를 정하다
The artist *settled in* Hawaii. 그 화가는 하와이에 거처를 정했다.

845　shake hands with　　…와 악수를 나누다

> I *shook hands with* everyone at the meeting.
나는 그 모임에서 모든 사람들과 악수를 나누었다.

[주의]　이때 **hands**가 복수임에 주의할 것. 왜? 악수는 두 사람이 나누는 것이니까 두개의 손이 필요하다.

846　shut out　　내쫓다

> We *shut* him *out* of the room. 우리는 그를 방에서 내쫓았다.

847　stay away from　　…에 결석하다, 가까이 가지 않다

〈동의어〉 be absent from

> I *stayed away from* school yesterday.
나는 어제 학교에 결석했다.
> *Stay away from* the fire. 불에서 멀리 떨어져라.

848　strike upon　　(생각, 계획이) 떠오르다

> I have just *struck upon* a good idea.
방금 좋은 생각이 떠올랐다.

NOTE ● **It strikes me that** … : 내 생각은 …이다
strike A as B : A에게 (문장의 주어가) B라는 생각이 들다.
That *struck* me *as* a good luck.
내게 그것은 행운이라는 생각이 들었다.

849　substitute A for B　　B 대신 A를 쓰다

〈동의어〉 replace B with A

▶ We *substitute* margarine *for* butter.
우리는 버터 대신에 마가린을 사용한다.

NOTE ● **replace A by B** A를 B로 바꾸다
They *replaced* the old horse *by* [with] a new one.
그들은 늙은 말을 버리고 새말을 구했다.
Will you *replace* her *as* nurse?
그녀를 대신해 간호사가 되겠느냐?

850 **suffer from**　　…으로 고생하다

▶ He is *suffering from* a bad cold.
그는 독감으로 고생하고 있다.
▶ We are *suffering from* air pollution.
우리는 공기오염으로 고생을 하고 있다.

851 **supply A with B**　　A에게 B를 공급하다

〈동의어〉 supply B to A

▶ We *supplied* them *with* money and clothes.
우리는 그들에게 돈과 옷을 주었다.

NOTE ● 동의어 : **provide A with B = furnish A with B**
= supply A with B = equip A with B

852 **suspect A of B**　　A를 B한 것으로 의심하다

▶ They *suspected* the man *of* the murder.
= They suspected the man to be a murderer.
= They suspected the man as the murderer.
그들은 그 사람이 살인한 것으로 의심했다.

853 **take (an) interest in**　…에 관심을 가지다

▶ He *took interest in* politics. 그는 정치에 관심을 가졌다.
=He was interested in politics.

참고　　I'm *interested to* go to Europe. 나는 유럽에 가고 싶다.

| 854 | **take back** | 도로 찾다, 취소하다 |

▶ You had better *take* your money *back* from him soon.
곧 그에게서 돈을 돌려받는 것이 더 낫다.
▶ He *took back* his words. 그는 했던 말을 취소했다.

| 855 | **take effect** | 효과가 있다 |

▶ When will this rule *take effect*?
이 법은 언제부터 시행되느냐?
▶ The medicine soon *took effect*. 그 약은 곧 효력을 보였다.

| 856 | **take it for granted that + 절** | …을 당연한 것으로 여기다 |

▶ I *take it for granted that* man is mortal.
나는 인간이 죽는다는 것을 당연한 것으로 여긴다.

NOTE ● 여기에서 **it**는 가목적어, **that**이하의 절이 동사 **take**의 진정한 목적어인 것으로 이해해야 한다.

| 857 | **take notice of** | …에 주의하다 |

▶ He *took no notice of* my warning.
그는 내 경고에 주의하지 않았다.

NOTE ● 반의어 : **pay no attention to = ignore** 무시하다

| 858 | **take offence at** | …에 화를 내다. |

▶ He may *take offence at* what you say.
= He may be offended at what you say.
네가 말하는 것에 그는 화를 낼지 모른다.

NOTE ● **be offended with** … **for/at** − : …에게 −에 대해 화를 내다

| 859 | **take over** | …을 떠맡다, 인수하다 |

〈동의어〉 overtake

▶ I *took over* the business when he retired.
그가 퇴직하자 내가 그 일을 떠맡았다.

| 860 | **take the initiative** | 선수를 잡다 |

▶ He always *takes the initiative* in adopting new methods. 그는 새로운 방법을 채택하는데 있어 언제나 선수를 친다.

참고 **have the initiative** 주도권을 가지다

| 861 | **talk over** | …에 대해 이야기하다 |

▶ I have something to *talk over* with you.
너와 상의할 것이 있다.

참고 **talk of + …ing** …할 생각이라고 말하다
He *talks of going* abroad. 그는 외국에 갈 생각이라고 말한다.

| 862 | **tide over** | 극복하다 |

▶ He sold his house to *tide over* the financial difficulty.
그는 재정적 곤란을 이겨내기 위해 집을 팔았다.

NOTE ● 타동사로 쓰이면, **tide A over**… : A가 …을 이겨내게 하다
Will the money *tide* you *over* this crisis.
이 돈이면 이번 위기를 헤쳐나갈 수 있겠느냐?

| 863 | **trifle with** | 소홀히 다루다, 우습게 보다 |

▶ He is not a man you can *trifle with*.
그는 네가 우습게 볼 수 있는 사람이 아니다.

| 864 | **try on** | 입어보다, 신어보다 |

▶ *Try* these new shoes *on*. I am sure they will fit you.
새 신발을 신어보아라. 너에게 꼭 맞을 것이다.

[주의] **try + do** …하도록 노력하다
try + …ing …해보다

I *tried to do* my best. 나는 최선을 다하여 애썼다.
I *tried doing* my best. 나는 최선을 다했다.

| 865 | **wash well** | 세탁이 잘 되다 |

▶ Cotton shirts *wash well*. 면 셔츠는 세탁이 잘 된다.

| 866 | **worry about/over** | …에 대해 걱정하다 |

▶ Don't *worry about* trifles. 사소한 일에 걱정하지 마라.

[참고] **be worried over/about** …에 대해 걱정하다
She is worried about her son. 그녀는 아들때문에 걱정했다.
I was worried that she'd be late.
나는 그녀가 늦을까 걱정했다.

| 867 | **write to** | …에게 편지를 쓰다 |

▶ I will *write to* you as soon as I get there.
그곳에 도착하는 즉시 너에게 편지를 하겠다.

[주의] 이때 전치사 **to**가 없어도 동사가 타동사로 기능하여 같은 의미를 갖을 수 있다.

* before와 ago

우리말로 모두 '…전'이라고 앞선 시간을 나타내는 before와 ago가 의미상으로는 동의어이듯이, 문장 내에서도 자유롭게 바꾸어 사용될 수 있는 시간 부사들일까?

결론부터 말하면 그렇지 않다. 예를 들어 〈나는 2주일 전에 네 친구를 만났다〉를 영어로 할 때, '…전에'는 before가 맞을까 아니면 ago를 써야 할까?

I saw your friend before two weeks.(x)

I saw your friend twe weeks ago. (o)

우선 ago는 half an hour ago(30분 전), three days ago(사흘 전) 등과 같이 말하는 시점, 즉 현재로 부터 과거의 시점을 향하여 거꾸로 생각하는 경우에 사용한다. 따라서 ago는 현재완료와는 함께 쓰일 수 없고 오로지 과거 시제와 함께 쓰일 수 있다.

반면에 before는 가까운 과거에서 먼 과거를 향하여 거꾸로 생각하는 경우에 사용한다.

우리가 직접화법에서 주어진 ago를 간접화법에서는 before로 바꾸는 이유도 바로 이런 사용상의 차이 때문이다. 그럼 before가 올바로 사용된 예를 들어보자.

Napoleon died in 1821; He had lost the battle of Waterloo six years before. (나폴레옹은 1821년에 죽었는데, 그보다 6년 전에 워터루 전쟁에서 패했었다)

이런 예문에서 보듯이 ago가 시간을 나타내는 명사 뒤에 쓰이듯이, before도 시간을 표현할 경우에는 시간을 나타내는 명사 뒤에 쓰이게 되어 있다.

6

형용사를 중심으로
하는 숙어

868　**(be) absorbed in**　…에 열중하다

▶ He *is absorbed in* reading. 그는 독서에 열중이다.

[주의]　예문은 수동구문으로 보아도 상관없다.

869　**(be) accessible to**　…에 접근하기 쉽다

▶ He *is* not *accessible to* strangers.
나는 낯선 사람들을 좀처럼 만나지 않는다.

NOTE ● **be easy of access** 가까이 하기 쉽다

870　**(be) accustomed to**　…에 익숙해지다

▶ I *am accustomed to* the climate here.
나는 이곳 기후에 익숙해져 있다.

[주의]　to 다음에는 명사, 부정사, 동명사가 자유롭게 올 수 있다.
He *is accustomed to* living/live alone.
그는 혼자 사는데 익숙하다.
be accustomed to는 **accustom oneself to**의 수동태이다.

871　**(be) acquainted with**　…와 알고 있다.

▶ I *am acquainted with* the author.
나는 그 작가를 알고 있다.
▶ *Are* you *acquainted with* literature?
너는 문학에 대해 잘 알고 있느냐?

872　**(be) afraid of**　…을 두려워하다

▶ He *is afraid of* his father. 그는 아버지를 두려워한다.

참고　I *am afraid that* it'll rain tomorrow.
나는 내일 비가 올까 두렵다/걱정이다.

873　**(be) akin to**　…와 유사하다, …에 가깝다

▶ Pity *is akin to* love. 동정은 애정과 가까운 것이다.
▶ He *is* closely *akin to* her. 그는 그녀와 가까운 친척이다.

874 **(be) alive to** ···에 민감하다, 빈틈없다

▶ He *is alive to* dangers. 그는 위험에 민감하다.

[주의] **alive**[əlaiv]의 발음에 주의할 것.

875 **(be) ambitious of** ···을 열망하다

▶ He *is ambitious of* success.
= He *is ambitious to* succeed. 그는 성공을 갈구한다.

참고 **be ambitious to** + 동사 ···하기를 열망하다

876 **(be) anxious to** + **동사원형** ···을 열망하다

▶ He *is anxious to* go abroad.
그는 해외에 나가기를 열망한다.

[주의] 명사가 나올 경우엔 **be anxious for**가 쓰인다.
He *is anxious for* fame. 그는 명성을 얻고 싶어한다.
We *are anxious that* you will succeed.
네가 성공하기를 간절히 빈다.

877 **(be) appreciative of** ···을 감사해하다

▶ I *am* deeply *appreciative of* your kindness.
= I appreciate deeply your kindness.
당신의 친절에 나는 깊은 감사를 드립니다.

878 **(be) ashamed of** ···을 부끄러워하다

▶ He *is ashamed of* his folly.
그는 바보같은 짓을 한 것에 대하여 부끄럽게 여긴다.
▶ I *am ashamed of* seeing you.
= I am ashamed to see you. 너를 만나기가 부끄럽다.

NOTE ● **be ashamed of oneself for** …때문에 부끄럽다
He *is ashamed of himself for* what he has done.
그는 자신이 한 행동때문에 부끄러워한다.

879 **(be) available for**　　…에 쓸모있다, 이용가능하다

▶ It *is* no *available for* our purpose.
그것은 우리 목적에 별로 쓸모가 없다.

참고 **avail oneself of** …을 이용하다
He *availed himself of* the chance. 그는 그 기회를 이용했다.

880 **(be) beneficial to**　　…에 유익하다

▶ Fresh air *is beneficial to* the health.
신선한 공기는 건강에 좋다.

881 **(be) bent on**　　…에 열중하다, 결심하다

▶ He *is bent on* becoming a vocalist.
그는 성악가가 되려고 결심중이다.
▶ He *is bent on* learning French. 그는 불어공부에 열중이다.

882 **(be) born of**　　…로부터 태어나다

▶ She *was born of* wealthy parents.
그녀는 부자 부모에게서 태어났다.

[주의] **from**을 쓰지 않도록 주의할 것
전치사 **of**는 '…출신의, …로부터'란 의미를 갖기도 한다.
He is a man *of* good family. 그는 지체있는 집안 출신이다.

883 **(be) born to**　　…하게 태어나다

▶ She *was born to* sorrows. 그녀는 불우하게 태어났다.

[주의] **bear**(낳다)의 또다른 과거분사 형태인 **borne**은 '낳다'의 뜻으로 완료형이나 **by**를 수반하는 수동구문에서만 쓰인다.

884 **(be) bound for** …로 향하다, …행이다

▶ The plane *is bound for* London. 이 비행기는 런던행이다.
▶ Where *are* you *bound*? 어디로 가십니까?

[주의] 이때 **bound**는 형용사로 '…행의'란 뜻이다

885 **(be) bound to + 동사원형** …할 의무가 있다, 꼭 …할 것이다

▶ I *am bound to* help him. 나는 그를 도와야만 한다.
▶ Our team *is bound to* win this game.
우리 팀은 반드시 이번 경기에 이길 것이다.

[주의] 이때 **bound**는 **bind**의 과거분사이다.

886 **(be) burdened with** …을 지다, 부담하다

▶ The people *are burdened with* heavy taxes.
국민들은 무거운 세금을 부담하고 있다.
▶ He *is burdened with* debts. 그는 빚을 지고 있다.

887 **(be) careful about** …에 유의하다, 신경쓰다

〈동의어〉 care about

▶ He *is* very *careful about* his appearance.
그는 외모에 무척이나 신경을 쓴다.

888 **(be) characteristic of** …의 특성이다

▶ Understatement *is characteristic of* the English people.
신중한 표현은 영국인의 특성이다.
▶ It *is characteristic of* him to go to work before breakfast. 아침 식사 전에 일하러 가는 것이 그의 특징이다.

889 **(be) close to** …에 가깝다

▶ His home *is close to* mine. 그의 집은 내 집과 가깝다.

 keep close to …의 곁을 떠나지 않다, …와 친해지다

890 **(be) composed of**　…로 구성되다

〈동의어〉 consist of

▶ Water *is composed of* hydrogen and oxygen.
물은 수소와 산소로 구성되어 있다.

891 **(be) content to + 동사**　…에 만족하다

▶ He *is content to* be a designer.
그는 디자이너인 것에 만족한다.

[주의] **content**는 명사 앞에서 수식하는 단어로 쓰일 수 없다. 명사를 수식할 경우에는 **contented**를 쓴다.

참고 **be content with + 명사** …에 만족하다
We must *be content with* a small house.
우리는 작은 집으로 만족해야만 한다.

892 **(be) contrary to**　…에 상반되다, 어긋나다

▶ It *is contrary to* my expectation.
그것은 내 기대와 상반된다.

참고 **contrary to** …에 반하여(부사적인 의미로)
Contrary to old belief, alcohol doesn't stimulate the nervous system.
일반적 생각과 달리, 알콜은 신경계통을 자극하지 않는다.

893 **(be) convinced of**　…을 확신하다

〈동의어〉 be persuaded of

▶ He *is convinced of* his safety.
= He is convinced that he is safe.
그는 그의 안전을 확신하고 있다.

| 참고 | I *convinced* him *of* my honesty. |

> 참고   I *convinced* him *of* my honesty.
> =I convinced him that I was honest.
> 나는 그에게 내가 정직함을 납득시켰다.

---

894   **(be) cross with**   …로 심기가 상하다

▶ His mother *was* very *cross with* him for staying out late. 그의 어머니는 그가 늦게까지 외출하고 있어 심기가 상했다.

---

895   **(be) crowded with**   …으로 혼잡하다, 붐비다

▶ The store *was crowded with* shoppers.
그 가게는 물건사는 사람으로 붐볐다.
▶ The park *was crowded with* people.
공원은 사람으로 붐볐다.

[주의]   예문은 결국 수동구문으로 이해하면 편하다.

---

896   **(be) curious about**   …에 호기심을 가지다.

▶ Why *are* you so *curious about* what others do?
왜 너는 다른 사람들이 하는 일에 그렇게 호기심을 갖느냐?

[주의]   보어로 Wh-절이 나올 경우엔 전치사 **about**가 생략될 수도 있다.

---

897   **(be) curious to**   …하고 싶어하다

▶ I *am curious to* know the result. 나는 그 결과가 알고 싶다.

참고   **It is curious that-절** 이상하게도 …하다
It *is curious that* he should not have joined us.
이상하게도 그는 우리에게 합류하지 않았다.

---

898   **(be) dead to**   …을 못느끼다, …에 무감각하다

▶ He *is dead to* all sense of humour.
그는 유머감각이 전혀 없다.

172

| 899 | **(be) deaf to** | …에 귀를 기울이지 않다, 무감각하다 |

〈동의어〉 turn a deaf ear to

▶ He *was deaf to* my excuses.
그는 내 변명에 귀를 기울이지 않았다.

| 900 | **(be) deficient in** | …이 부족하다 |

〈동의어〉 be short of

▶ He *is deficient in* courage. 그는 용기가 부족하다.

| 901 | **(be) delighted at/with** …에 기뻐하다 |

▶ He *was delighted at* the news. 그는 그 소식에 기뻐했다.
▶ I *was delighted at* his coming.
나는 그가 온다고 해서 기뻤다.

NOTE ● **be delighted to do**　…해서 기쁘다, 기꺼이 …하다
We'*re delighted to* meet you. 당신을 만나 반갑습니다.

| 902 | **(be) desirous of** | …을 원하다 |

〈동의어〉 want, desire

▶ He *is desirous of* getting a good job.
= He wants to get a good job.
그는 좋은 직업을 얻기를 원한다.

| 903 | **(be) destined to** | …로 운명지워져 있다. |

▶ He *was destined to* be a priest. 그는 목사가 될 운명이었다.

참고　He *was destined for* fame in literature.
그는 문학에서 명성을 얻을 운명이었다

| 904 | **(be) determined to ＋ 동사** | …하기로 결정하다 |

〈동의어〉 decide

▶ He *is determined to* explain the matter to them.
그는 그 일을 그들에게 설명하기로 마음먹었다.

905　(be) devoted to　　…에 열중하다

〈동의어〉 devote oneself to

▶ He *is devoted to* tennis. 그는 테니스에 열중이다.

[주의]　to 다음에는 동명사나 명사가 온다
= He *is devoted to* play*ing* tennis.

906　(be) disappointed at　…에 실망하다

▶ I *was disappointed at* his failure.
나는 그의 실패에 실망했다.

참고　I *am disappointed to* fear the story.
나는 그 이야기를 듣고 실망스럽다.

907　(be) disposed to ＋ 동사　…할 마음이 내키다

▶ I *am* not *disposed to* talk with him.
나는 그와는 이야기를 나누고 싶지 않다.

NOTE ● **be disposed for/to** ＋ 명사/동명사 : …하는 경향이 있다

908　(be) dressed in　　…을 입고 있다

〈동의어〉 dress oneself in

▶ She *was dressed in* white. 그녀는 하얀 옷을 입고 있었다.

909　(be) eager to ＋ 동사　간절히 …하고 싶어하다

▶ Students *are eager to* study abroad.
학생들은 간절히 외국에서 공부하고 싶어한다.

[주의]　명사일 경우에는 **to** 대신에 **for/after**를 쓴다.
I *am eager for* knowledge. 나는 지식욕에 불탄다.

| 910 | **(be) empty of** | …이 없다 |

〈동의어〉 be devoid of

▶ The lake *was* almost *empty of* water.
그 호수에는 물이 거의 말랐다.

[주의]　**devoid**는 명사 앞에서는 쓰이지 않는 형용사이다.

| 911 | **(be) engaged in** | …에 종사하다 |

〈동의어〉 engage oneself in

▶ He *is engaged in* business. 그는 사업에 종사하고 있다.

NOTE ● 자동사로, **engage in**… : 에 종사하다, …을 시작하다
We *engaged in* conversation. 우리는 대화를 나누기 시작했다.

| 912 | **(be) envious of** | …을 부러워하다 |

▶ I *am envious of* his success.
= I envy him his success. 나는 그의 성공을 부러워한다.

[주의]　**I envy his success**는 틀린 문장이다. **envy** 다음에 사람이 목적어로 올 경우는 가능한 문장이 된다.

| 913 | **(be) equal to** | …와 대등하다, 감당할 수 있다 |

▶ His size *is equal to* yours. 그의 크기는 네 것과 같다.
▶ I *am* not *equal to* that sort of work.
나는 그런 종류의 일을 감당할 수 없다.

참고　첫번째 예문의 경우는 타동사로 쓰인 *equal*로 바꾸어 쓸 수 있다.
His size equals yours. 그의 크기는 네 것과 같다.

| 914 | **(be) equivalent to** | …와 같다, …에 상당하다 |

▶ Silence *is* sometimes *equivalent to* consent.
때로 침묵은 승낙을 뜻한다.

915 **(be) essential to**　　…에 필수적이다

▶ Good health *is essential to* success in life.
좋은 건강이 삶의 성공에 필수적인 것이다.

참고　**(be) of the essence** 불가결하다
In chess, cool nerves *are of the essence.*
체스에서, 냉정함은 필수적이다.

916 **(be) excellent in**　　…에서 뛰어나다

▶ She *is excellent in* English composition.
= She excels in English composition.
그녀는 영작문에서 뛰어나다.

참고　**excel at a game**　　경기에 강하다
excel as a painter　　화가로 뛰어나다

917 **(be) faithful to**　　…에 충실하다

▶ The translation *is* not *faithful to* the original.
그 번역은 원본에 충실하지 않다.

참고　**keep faith with**　　…와 약속을 지키다
break one's faith　　…와의 약속을 깨뜨리다

918 **(be) fearful of**　　…을 두려워하다

▶ He *is* always *fearful of* failure in business.
= He *is* always *fearful to* fail in business.
= He *fears* always *to* fail in business.
그는 사업에 실패할까 항상 두려워한다.

[주의]　**fear**의 경우에는 목적어로 **to** 부정사나 **that** 절이 쓰인다

919 **(be) fed up with**　　…에 싫증나다

〈동의어〉 be tired of

▶ We *are* all *fed up with* his chattering.
우리 모두가 그의 농담에 싫증이 났다.

920	**(be) frank with** …에게 솔직하다

▶ Americans *are* generally *frank with* anybody.
일반적으로 미국인은 누구에게나 솔직하다.

참고 　**To be frank with you** 솔직히 말해서

921	**(be) free from** …이 없다

▶ His idea *is free from* prejudice.
그의 생각에는 편견이 없다.

922	**(be) free of** …이 면제되다

▶ Our house *is free of* rent.
우리 집은 집세가 부과되지 않는다.

923	**(be) free to + 동사** 자유롭게 …할 수 있다

▶ You *are free to* choose as you please.
네가 좋아하는데로 자유롭게 선택할 수 있다.

924	**(be) fresh from / out of** …에서 갓 나오다

▶ He married a girl *fresh from* college.
나는 대학을 갓 나온 아가씨와 결혼했다.

925	**(be) friendly with** …와 친하다

▶ He *is* very *friendly with* all his neighbors.
그는 모든 이웃들과 친하게 지낸다.

[주의]　**friendly**는 여기에서 형용사임에 주의할 것.

926	**(be) full of** …으로 가득하다

▶ She *is full of* dreams and hopes.
그녀는 꿈과 희망으로 가득하다.

참고 **be filled with** …으로 가득채우다
The glass *is filled with* water. 잔에 물이 가득하다.

927 (be) guilty of   …의 죄가 있다

〈반의어〉 be innocent of …에 대해 결백하다

▶ He *is guilty* of murder. 그는 살인죄를 범했다.

NOTE ● **be found guilty** 유죄판결을 받다

928 (be) hard of + 동명사   …하는데 곤란하다

▶ She *is hard of* hearing. 그녀는 듣는데 곤란을 겪고 있다.

929 (be) hard up for   …이 없어 곤란을 겪다

▶ We *are hard up* for good ideas.
우리는 좋은 생각이 떠오르지 않아 곤란을 겪고 있다.

930 (be) harmful to   …에게 해가 되다

〈동의어〉 do harm to

▶ Smoking *is harmful to* your health.
흡연은 네 건강에 좋지 않다.

931 (be) hostile to   …에 반대하다, 적의를 가지다

▶ He *is hostile to* reform. 그는 개혁에 반대한다.

932 (be) ignorant of   …을 모르다

▶ He *is ignorant of* the fact. 그는 이 사실을 모른다.
▶ He *is ignorant that* he is wrong.
그는 자기가 잘못이라는 것을 모른다.

933 **(be) indebted to A for B**   A에게 B를 빚지다

▶ We *are* greatly *indebted to* him *for* his cooperation.
우리는 그의 협력을 대단히 고맙게 생각한다.

참고   I should be greatly indebted if you would …
…하여 주신다면 대단히 감사하겠습니다.

934 **(be) indispensable to**   …에게 없어서는 안되다

▶ Health *is indispensable to* us.
건강은 우리에게 필수불가결한 것이다.

935 **(be) innocent of**   …에 죄가 없다, …에 결백하다

〈반의어〉 be guilty of …의 죄가 있다

▶ He *was innocent of* spreading the rumor.
그는 소문을 퍼뜨린 것에 죄가 없다.

936 **(be) jealous of**   …을 질투하다

▶ She *is jealous of* her younger sisters.
그녀는 누이동생들을 시기한다.

937 **(be) known to**   …에게 알려져 있다

▶ His name *is known to* everybody.
그의 이름은 모두에게 알려져 있다.

[주의]   예문은 Everybody knows his name.의 수동구문이다.
know는 수동구문에서 **by**대신에 **to**를 쓰는 것이 원칙이다.

938 **(be) liable for**   …에 책임이 있다.

▶ He *is liable for* damage. 그는 손해에 대해 책임이 있다.

참고   **be liable to do** 자칫하면 …하기 쉽다

All men *are liable to* make mistakes.
모든 사람은 잘못을 저지르기 쉽다.

939 (be) likely to …인 듯하다

> ▶ It *is likely to* rain. 비가 올 것 같다.
> ▶ He *is likely to* come. 그는 아마 올 것이다.

[주의] 여기에서 **likely**는 형용사로 〈있음직한〉이란 뜻을 갖는다.

940 (be) married to …와 결혼하다

> ▶ She *is married to* a rich man. 그녀는 부자와 결혼했다.

[주의] **marry**는 아무런 전치사의 도움없이 '…와 결혼하다'는 뜻이다.
I *married* his sister. 나는 그의 누이와 결혼했다.

941 (be) master of …에 정통하다

> ▶ He *is master of* the English language.
> 그는 영어에 정통하다.

942 (be) necessary to/for …에 필요하다

> ▶ Sleep *is necessary to* health. 수면은 건강에 필요하다.

943 (be) opposite to …과 마주보다, 서로 용납하지 않다

> ▶ His house *is opposite to* the church.
> 그의 집은 교회 맞은편에 있다.

참고 **be opposed to** …과 반대이다
oppose A doing A가 …하는 것을 반대하다
His parents didn't *oppose* him go*ing* abroad.
그의 부모는 그가 외국에 가는 것을 반대한다.

944 (be) particular about …에 까다롭게 굴다

> ▶ She *is particular about* her food.

그녀는 음식을 까다롭게 가린다.

945　**(be) patient of**　　…을 참다

▶ We *were patient of* hunger during the war.
우리는 전쟁동안 굶주림을 참았다.

참고　**be patient with** …에게 끈기를 보이다
Be patient with children. 아이들에게는 성급하게 굴지마라.

946　**(be) peculiar to**　　…에 고유하다

▶ Language *is peculiar to* mankind.
언어는 인간 고유의 것이다.

947　**(be) pleased with**　　…에 기뻐하다

〈동의어〉 be delighted at/with

▶ I *am* very *pleased with* the result.
나는 그 결과에 매우 만족한다.
▶ I'll *be pleased* to come *with* you.
기꺼이 당신과 함께 가겠습니다.

참고　I *am pleased* that you have arrived safe and sound.
나는 당신이 무사히 도착해서 기쁘다.

948　**(be) popular among / with**　　…에게 인기가 있다

▶ Prof. Smith *is popular among* the students.
스미스 교수는 학생들 사이에 인기가 있다.
▶ Tom *is popular with* other children.
탐은 다른 아이들 사이에서 인기가 있다.

949　**(be) prepared for**　　…에 준비(각오)가 되어 있다

▶ I *am prepared for* the worst.

나는 최악의 것에도 각오가 되어 있다.

 prepare A for B B에 대비하여 A를 준비하다
I *prepared* food *for* emergency.
나는 비상시를 위해 식량을 준비했다

950 (be) proud of …을 자랑스럽게 여기다

〈동의어〉 take pride in = pride oneself on

▶ He *is proud of* his work.
그는 자기 일을 자랑스럽게 여긴다.

참고 He *prides himself on* his skill as a golfer.
그는 골퍼로서의 기술을 자랑한다.

951 (be) reckless of …에 개의치 않다

▶ He *is reckless of* the consequences.
그는 결과에 개의치 않는다.

952 (be) respectful of …을 중히 여기다

▶ He *is respectful of* money.
= He *has respect for* money. 그는 돈을 중히 여긴다.

953 (be) responsible for …에 책임이 있다

▶ Factories *are responsible for* air pollution.
공장들은 공기 오염에 책임이 있다.

[주의] **be responsible to** + 사람

954 (be) satisfied with …에 만족하다

▶ I *am satisfied with* my new house. 나는 새 집에 만족한다.

NOTE ● **be satisfied of** …을 확신하다
We *are satisfied of* his honesty.
우리는 그의 정직함을 확신한다.

955 **(be) sensitive to** …에 민감하다

▶ He *is* very *sensitive to* cold. 그는 추위에 매우 민감하다.

참고 **be sensitive over** …로 고민하다, 신경과민이다

956 **(be) short for** …의 약자이다

▶ U.S.A. *is short for* the United States of America.
USA는 미합중국의 약자이다.

참고 **be short of** …이 부족하다

957 **(be) sick of** …에 싫증나다

〈동의어〉 be tired of

▶ I *am sick of* meeting people.
나는 사람을 만나는 것이 지긋지긋하다.

958 **(be) subject to** …에 복종하다, …에 빠지기 쉽다

▶ Everything *is subject to* the law of nature.
모든 것이 자연의 법칙에 따른다.
▶ She *is subject to* colds. 그녀는 감기에 잘 걸린다.

959 **(be) suitable for** …에 적합하다

▶ His speech *was suitable for* the occasion.
그의 연설은 그 경우에 적절했다.

참고 전치사 **to**를 대신 사용하기도 한다.

960 **(be) surprised at** …에 놀라다

▶ I *was surprised at* the news. 나는 그 소식에 놀랐다.
▶ I *was surprised to* see the sights.
나는 그 광경을 보고 놀랐다.

 be amazed at/by …에 깜짝 놀라다

961 **(be) true of**　　　　…에 해당되다

▶ What *is true of* me will be true of everybody.
나에게 해당되는 것은 모든 사람에게 해당될 것이다.
▶ It *is true of* education, too.
그것은 교육에 관해서도 마찬가지이다.

참고　**be true to** …에 충실하다
Be true to your word. 약속을 지켜라.

962 **(be) welcome to**　　　자유롭게 …해도 좋다

▶ You *are welcome to* use our telephone.
우리 전화를 자유롭게 사용해도 좋습니다.
▶ You *are welcome to* any book in the library.
도서관의 책을 어떤 것이든 마음대로 읽어도 좋습니다.

963 **(be) well-known to**　　…에게 잘 알려져 있다

▶ He *is well-known to* young people.
그는 젊은이들에게 잘 알려져 있다.

964 **(be) wrong with**　　　…에 고장이 나다

▶ Something *is wrong with* our television set.
어딘가 텔레비젼에 고장이 났다.
▶ Is there anything *wrong with* you? 몸이 편찮으십니까?

NOTE ● **What's wrong with it?**은 반어적으로 〈그것이 어디가 나쁘단 말이냐?〉는 뜻이다.

QUESTION BOX

* known to인가 known by인가?

Everybody knows him의 수동구문으로는 He is known to everybody라고 한다. 즉 by everybody가 아니라 to everybody를 쓰고 있다.

그렇다면 동사 know의 경우는 언제나 by 대신에 to를 써야 하는 것일까?

잘 알고 있듯이 능동구문을 수동구문으로 바꿀 때, 능동구문의 주어는 수동구문에서 by…로 나타나는 것이 원칙이다. 그러나 예외없는 규칙이 없다고 몇가지 예외적인 현상에 대해서 우리는 마치 숙어인 것 처럼 외우고 있다. 예를 들어, be surprised at(…에 놀라다), be disappointed at(…에 실망하다), be covered with(…로 덮혀있다) 등이다.

동사 know의 경우도 마찬가지로 수동구문으로 나타날 경우에는 known이 마치 familiar의 뜻으로 해석되어 전치사 to를 사용하는 것이 자연스럽게 여겨진다.

그럼 know의 경우에는 전혀 by를 사용하는 것이 불가능한 것일까?

A man is known by the company he keeps.

(사람은 사귀는 친구들에 의해 판단된다)

위의 예문에서 처럼 know가 judge(판단하다)의 뜻으로 사용될 경우에는 오히려 to 보다는 by를 사용해야 한다.

7

전치사 역할을 하는 숙어

965 **according to** ···에 의하면, ···에 따라

> ▶ *According to* today's paper, there was a big earth-quake in China.
> 오늘 신문에 따르면 중국에서 커다란 지진이 있었다

[주의] **according as**다음에는 절을 쓴다
We see things differently *according as* we are rich or poor. 우리는 빈부에 따라서 사물을 다른 시각으로 본다.

966 **ahead of** ···보다 앞서

> ▶ The steamer left *ahead of* time.
> 그 기선은 예정 시간에 앞서 출발했다.
> ▶ He was three hours *ahead of* schedule.
> 그는 예정보다 세시간 먼저 와 있다.

참고 **get ahead in the world** 출세하다

967 **along with** ···와 더불어

〈동의어〉 together with

> ▶ Come *along with* me. 나를 따라 오너라.

참고 He was *along toward* fifty 그는 거의 50살에 가깝다.

968 **apart from** ···은 별문제로 하고, ···은 제쳐놓고

> ▶ *Apart from* joking, what do you want to do?
> 농담은 그만하고, 이제 너는 무엇을 하고 싶니?

참고 The house stood *apart from* others.
이 집은 다른 집들과 떨어져 있다.

969 **as for** ···로 말하자면

〈동의어〉 as to

> ▶ *As for* me, I prefer coffee to tea.

나로서는 홍차보다 커피가 더 좋다.

NOTE ● **as for**는 문두에 쓰이지만, **as to**는 문장 어디에 쓰여도 좋다.

---

970 aside from　　　　…은 별도로

〈동의어〉 apart from

▶ *Aside from* the question of expense, the plan cannot be carried out.
비용문제는 별도로 하더라도 그 계획은 실행될 수 없다.
▶ *Aside from* his books, he collects data from his own experiences.
책은 제쳐 놓고, 그는 자기 경험에서 자료를 모으고 있다.

NOTE ● That is *aside from* the question. 그것은 논외의 것이다.

---

971 at the age of　　　　…의 나이에

▶ I left home *at the age of* seventeen.
나는 17살에 집을 떠났다.

참고　**for one's age** 나이에 비해서
He looks young *for his age.* 그는 나이에 비해 젊어보인다.

---

972 at the bottom of　　　　…의 바닥에

▶ He is *at the bottom of* his class. 그는 그의 반에서 골찌이다.

---

973 at the call of　　　　…의 요구에 의해

▶ The meeting was held *at the call of* the president.
그 회의는 대통령의 요구에 따라 개최되었다.

참고　**at/on call** 부르면 곧 응할 수 있는

---

974 at the foot of　　　　…의 기슭에, …의 바닥에

▶ We live *at the foot of* Mt. Halla.
우리는 한라산 기슭에 산다.

  at one's feet …의 발 아래, …에게 복종하여

975 at the head of   …의 선두에

▶ He is *at the head of* the class. 그는 학급의 선두에 있다.

976 at the height of   한창 …중에, …의 절정에서

▶ The city was *at the height of* its prosperity.
그 도시는 번영의 절정에 있었다.

[주의] 〈한여름에〉라고 할 때에는 전치사가 달라져 **in the height of summmer**가 된다.

NOTE ● **in the height of fashion** 한참 유행중인

977 at the rate of   …의 비율로

▶ We walked *at the rate of* three miles an hour.
우리는 1시간에 3마일 정도의 속도로 걸었다.

[참고] at a high rate 호사스럽게
She lives *at a high rate*. 그녀는 호사스럽게 산다.

978 at the risk/peril of   …의 위험을 무릅쓰고

▶ He did it *at the risk of* his life.
그는 목숨을 걸고 그것을 했다.

[참고] **at one's own risk** …의 책임하에
Cross the road *at your own risk*. 차에 치어도 책임지지 않음

979 at the sight of   …을 보고서

▶ She wept *at the sight of* her long lost child.
그녀는 오랫동안 잃어버린 아이를 보고서 울었다.

980 at the thought of   …을 생각하고

▶ We shuddered *at the thought of* death.
우리는 죽음을 생각하며 몸을 떨었다.

참고　Your opinions are always in my thought.
네 의견을 항상 염두에 두고 있다.

981　but for　…이 없다면

▶ *But for* the sun, nothing could live.
태양이 없다면 아무 것도 살 수 없을텐데.
▶ *But for* your help, I should have failed.
네 도움이 없었다면 나는 실패하고 말았을텐데.

[주의]　**but for**는 가정법의 조건절을 이끄는 것이므로, 주절에서도 가정법적 해석이 필요하다.

982　by means of　…에 의하여, …으로

〈동의어〉 by dint of

▶ I lifted the car *by means of* a lever.
나는 지렛대로 차를 들었다.

참고　by some means or other 이럭저럭

983　despite of　…에도 불구하고

〈동의어〉 in spite of

▶ *Despite of* his misfortune, he is quite cheerful.
그는 불행에도 불구하고 꽤 쾌활하다.

NOTE ● **despite** 자체로도 전치사로 쓰여 같은 의미를 갖는다.

984　except for　…을 제외하고

▶ Your composition is good *except for* a few mistakes.
네 글은 몇가지 실수를 제외하고 훌륭한 편이다.

NOTE ● **except that** … …이라는 것 이외에는
That will do *except that* it is too long.

너무 길다는 것을 제외하고는 그것으로 됐다.

985 for fear of   …을 두려워 하여, …하지 않으려고

▶ I kept quiet *for fear of* disturbing him.
나는 그를 방해할까 두려워 조용히 있었다.

NOTE ● I telephoned my mother *for fear that* she should get worried. 어머니가 걱정할까 두려워 어머니에게 전화를 했다.

986 for lack of   …의 부족으로

▶ Many of them died *for lack of* water.
그들 중 많은 사람이 물이 부족하여 죽었다.

NOTE ● 이때 **lack** 대신에 같은 뜻을 갖는 **want**(명사로 쓰일 때에는 '결핍'이란 뜻이다)를 쓸 수 있다.
I'll take this one *for want of* a better.
더 좋은 것이 없으므로 나는 이것을 가지겠다.

987 for the benefit of   …을 위하여

▶ The hospital was built *for the benefit of* the poor.
이 병원은 가난한 사람들을 위해 지어졌다.

참고   for one's special benefit 특별히 …를 위하여

988 for the sake of   …을 위하여

▶ Society exists *for the sake of* the individual.
= Society exists for the individual's sake.
사회는 개인을 위하여 존재한다.

989 from above   …너머로

▶ The old man looked at me *from above* his spectacles.
그 노인은 안경 너머로 나를 바라보았다.

NOTE ● **spectacle**은 복수로 '안경'이란 뜻을 갖는다. **a pair of spectacles**

990 **in accordance with**　　…에 따라

〈동의어〉 according to 〈반의어〉 in opposition to

▶ *In accordance with* their customs, they bowed to their teacher. 그들의 관습에 따라 그들은 선생님에게 절을 했다.

991 **in addition to**　　…에 더하여

〈동의어〉 besides

▶ I have a large bonus *in addition to* my salary.
나는 봉급에 더하여 두둑한 보너스를 받는다.

[주의]　**besides**는 부정문, 의문문에서는 '…을 제외하고는(=except)' 의 뜻으로 쓰인다.
We know no one *besides* him.
그를 제외하고는 아무도 모른다.

992 **in celebration of**　　…을 축하하여

▶ We gave a party *in celebration of* her birthday.
＝We gave a party in order to celebrate her birthday.
우리는 그녀의 생일을 축하하여 파티를 열었다.

993 **in commemoration of**　…을 기념하여

▶ They set up a monument *in commemoration of* the victory.
＝They set up a monument to commemorate the victory. 그들은 승리를 기념하여 기념물을 세웠다

994 **in comparison with**　　…과 비교하여

▶ This camera is far better *in comparison with* that.
이 카메라는 저것과 비교해서 훨씬 우수하다.

NOTE ● 예문에서 **far**는 비교급을 수식하며 '훨씬, 무척'이란 뜻이다.

995　**in connection with**　…와 관련하여

▶ I ask you some questions *in connection with* this subject.
나는 이 문제와 관련하여 몇가지 질문을 당신에게 하겠습니다.

참고　in this connection 이와 관련하여

996　**in consequence of**　…의 결과로, …때문에

▶ We changed our opinion *in consequence of* argument.
우리는 논의한 결과 우리의 의견을 바꾸었다.

참고　**in consequence** 그 결과, 그 때문에
of consequence 중요한

997　**in consideration of**　…을 고려하여

▶ *In consideration of* your advice, I shall not go there.
네 충고를 고려하여 거기에 가지 않겠다.

참고　**after due consideration** 충분한 고려 끝에

998　**in course of**　…중에

▶ I am *in course of* writing a novel.
나는 소설을 쓰고 있는 중이다.

[주의]　**in course of**는 **under course of**로 바꾸어 쓸 수 있다.
under course of construction 건축중에

999　**in defence of**　…을 지키기 위하여

▶ They fought *in defence of* their country.
= They fought to defend their country.
그들은 조국을 지키기 위해 싸웠다.

1000　**in defiance of**　…을 개의치 않고 , …을 무시하여

▶ They went on a strike *in defiance of* the law.
그들은 법을 무시하고 파업을 계속했다.

참고　　**set …at defiance** : …을 무시하다

1001　in excess of　　…을 초과하여

▶ The rent is *in excess of* my power.
= The rent exceeds my power.
집세는 내 능력을 넘어선다.

1002　in exchange for　　…대신으로, …과 교환으로

▶ I taught her Korean *in exchange for* English.
나는 영어를 가르쳐준 댓가로 한국어를 그녀에게 가르쳤다.

NOTE ● **exchange of gold for silver** 금과 은의 교환

1003　in favour of　　…에 찬성하여

▶ I am *in favour of* the five-day week.
나는 주 5일 근무제에 찬성이다.
▶ I am *in favour of* your proposal.
나는 네 제안에 찬성이다.

참고　　The vote was all *in favour*. 투표는 전원 찬성이었다.

1004　in front of　　…의 앞에

〈동의어〉 before

▶ There is a big tree *in front of* the gate.
= A big tree is *in front of* the gate.
정문 앞에 커다란 나무가 있다.

1005　in hono(u)r of　　…을 축하하여, …에 경의를 표하여

▶ A party was held *in hono(u)r of* his birthday.
그의 생일을 축하하여 파티가 열렸다.

참고 He is an *hono(u)r to* our school.
그는 우리학교의 자랑거리이다.

1006 in memory of　　　…을 잊지 않으려고, …을 기념하여

▶ The library was built *in memory of* Lincoln.
= The library was built in order to memorize Lincoln.
이 도서관은 링컨을 기념하여 세워졌다.

참고 keep in memory 기억하고 있다

1007 in need of　　　…이 필요하여

〈동의어〉 in want of

▶ We are *in need of* fuel. 우리는 연료가 필요하다.
▶ He is much *in need of* help. 그는 무척 도움을 필요로 한다.

참고 **for lack of** …이 부족해서
They had to leave their home *for lack of* food.
그들은 식량이 부족해서 집을 떠나야만 했다.

1008 in obedience to　　　…에 복종하여, …에 따라

▶ Soldiers act *in obedience to* the orders.
군인들은 명령에 따라 행동한다.

NOTE ● **be obedient to** …에 순종하다

1009 in place of　　　…을 대신하여

▶ Newspapersmen use a pencil *in place of* a pen.
신문기자들은 펜 대신에 연필을 사용한다.

참고 take the place of …을 대신하다
I was sick so Bill *took my place* at the meeting.
내가 아파서 빌이 내 대신 모임에 참석했다.

1010 in possession of　　　…을 소유하여

▶ She is *in possession of* many jewels.
= She possesses many jewels.
그녀는 많은 보석을 가지고 있다.

1011 **in preference to**　　…보다는 오히려, …에 우선하여

▶ He values wealth *in preference to* fame.
=He has preference for wealth to fame.
그는 명예보다는 부에 가치를 둔다.

1012 **in proportion to**　　…에 비례하여

▶ Men's wants become greater *in proportion to* the increase in their income.
인간의 욕구는 수입의 증가에 비례하여 더 커진다.

[주의]　**in proportion as** 다음에는 절이 온다.

1013 **in pursuit of**　　…을 추구하여

〈동의어〉 looking for

▶ People are always *in pursuit of* happiness.
= People always pursue happiness.
인간은 언제나 행복을 추구한다.

1014 **in relation to**　　…에 관하여

▶ Let's plan *in relation to* the future.
미래에 대해 계획을 세우자.

NOTE ● **with relation to**도 똑같은 의미이다

1015 **in response to**　　…에 응하여

▶ *In response to* my urging, he yielded.
그는 내 주장을 받아들여 양보했다.

1016 **in return for/to**　　…의 보답으로

▶ I'll give you this book *in return for* your gift.
네 선물에 대한 답례로 너에게 이 책을 주겠다.

참고　**in return** 답례로

1017　**in search of**　　…을 찾아서

▶ I am *in search of* an apartment.
= I search for an apartment. 나는 아파트를 찾고 있다.

[주의]　**an eager search *for* truth** 진리의 열렬한 추구. 전치사의
다름에 주의할 것

1018　**in store for**　　…을 위해 준비되어 있는

▶ I have surprise *in store for* you.
너를 놀라게 만들 것이 있다.
▶ They little knew what calamity was *in store for* them.
그들에게 어떤 재난이 닥쳐오고 있는지 그들은 전혀 몰랐다.

참고　**in store** : 저축하며, 준비하여
She keeps plenty of food *in store*
그녀는 많은 식량을 비축해두고 있다.

1019　**in the cause of**　　…을 위하여

▶ I fought *in the cause of* justice. 나는 정의를 위해 싸웠다.

참고　He has *no cause for* complaint (*or* to complain).
그는 불평할 이유가 없다.

1020　**in the course of**　　…경과 중에

▶ We must meet *in the course of* this week.
우리는 이번 주 내에 만나야만 한다.

[주의]　**in course of** 뒤에는 작업을 가리키는 추상적인 명사가, 반면
에 **in the course of** 뒤에는 시간을 가리키는 명사가 주로
사용된다.

 in the course of time 때가 경과함에 따라, 마침내

1021 **in the direction of** …의 방향으로

▶ He ran away *in the direction of* the river.
그는 강 쪽으로 도망쳤다.

 in all directions = in every direction 사방으로

1022 **in the face of** …에도 아랑곳 없이

▶ He showed courage *in the face of* danger.
그는 위험에도 불구하고 용기를 보였다.

 in the face of day/sun 공공연히, 드러내 놓고

1023 **in the habit of + 동명사** …하는 습관이 있는

▶ She is *in the habit of* getting up late.
= She is habituated to get up late.
그녀는 늦게 일어나는 습관이 있다.

1024 **in the light of** …을 고려하면, …의 관점에서

〈동의어〉 in view of, from the point of view

▶ *In the light of* the present situation, I can't agree with him. 현 상황을 고려하면 나는 그에게 동의할 수 없다.
▶ All products must be developed *in the light of* practical use. 모든 제품은 실용적인 관점에서 개발되어야만 한다.

1025 **in the name of** …의 이름으로

▶ The meeting will be open *in the name of* Mr. Ford.
= The meeting will be open in Mr. Ford's name.
그 모임은 포드 씨의 이름으로 열릴 것이다.

 a young man by the name of John Smith 존 스미스라는 이름의 젊은이

| 1026 | **in the teeth of** | …에도 불구하고 |

〈동의어〉 in spite of

▶ The steamer started *in the teeth of* the gale.
그 기선은 강풍에도 불구하고 출발했다.

참고　　**in spite of one's teeth** : …의 반대를 무릅쓰고

| 1027 | **in the thick of** | …의 한창 때에 |

▶ The war broke out *in the thick of* winter.
전쟁은 한 겨울철에 터졌다.

NOTE ● **through thick and thin** 갖은 고난을 무릅쓰고

| 1028 | **in token of** | …의 표시로 |

〈동의어〉as a token of

▶ He gave me this book *in token of* his thanks.
그는 감사의 표시로 나에게 이 책을 주었다.

NOTE ● 관사의 유무에 주의할 것

| 1029 | **in touch with** | …와 접촉하여 |

▶ He is *in touch with* the times.
그는 시대의 흐름을 좇아간다.

참고　　keep in touch with …와 교제를 유지하다

| 1030 | **in view of** | …이 보이는 곳에, …을 고려하여 |

▶ We came *in view of* sea. 우리는 바다가 보이는 곳에 왔다.
▶ I stood *in* full *view of* the crowd.
나는 군중이 환히 보이는 곳에 섰다.
▶ *In view of* these possibilities, we gave up the plan.
이런 가능성들을 고려하여 우리는 그 계획을 포기했다.

1031 **instead of** …대신에

▶ Use a pencil *instead of* a pen. 펜 대신에 연필을 사용하라.
▶ He praised me *instead of* scolding me.
그는 나를 꾸짖기는 커녕 칭찬했다.

[주의] **instead of** 다음에는 명사나 동명사가 쓰일 뿐, **instead to** + 부정사 표현 사용하지 않는다.

1032 **on behalf of** …을 대신하여, …을 대표하여

▶ I went there *on behalf of* him.
나는 그를 대신하여 거기에 갔다.
= I went there on his behalf.
▶ Don't be uneasy *on* my *behalf*. 내 걱정은 하지 마시오.

NOTE ● **on behalf of** + 사람 = **on (a person's) behalf**

1033 **on the part of** …의 편에서는

▶ There are no faults *on the part of* our friends.
우리 친구 쪽에서는 아무런 잘못도 없다.
▶ There is no object *on my part*. 나로서는 이의가 없다.

NOTE ● **of** + 사람에서 사람이 대명사로 쓰일 경우에는 언제나 소유격이다.

1034 **on the point of** …**ing** 막 …하려고 하다

〈동의어〉 (be) about to+동사원형

▶ He was *on the point of* start*ing*.
그는 막 출발하려고 한다.

[주의] 미래를 나타내는 방법의 하나로 아주 가까운 미래를 표현한다.

1035 **on the side of** …을 편들어

▶ Everybody was *on the side of* the old man.
　모든 사람이 노인의 편을 들었다.
▶ I am *on your side* in this issue.
　이 문제에서 나는 네 편이다.

1036　on the verge of　　…의 직전에

▶ His business is *on the verge of* ruin.
　그의 사업은 파산직전이다.

NOTE ● **verge**는 '가장자리, 끝'이라는 뜻이다.

1037　preparatory to　　…의 준비로서, …에 앞서

〈동의어〉 in preparation for

▶ I am packing it up *preparatory to* my journey.
　나는 여행에 앞서 그것을 꾸렸다.

[주의]　전치사의 사용에 주의할 것

1038　thanks to　　…덕분에

▶ *Thanks to* your help, I could finish the work.
　당신 도움 덕분에 나는 그 일을 끝낼 수 있었다.

참고　**accept … with thanks** 감사히 …을 받아들이다
　복수형태로 쓰인 것에 주의할 것.

1039　up against　　…에 직면하여

▶ *Up against* great difficulties, they did their best.
　커다란 어려움에 직면하여 그들은 최선을 다 했다.

QUESTION BOX

✽ 단어나 숙어의 정확한 의미를 찾아서

우리가 사전을 찾으면 같은 의미인 것으로 쓰여져 있지만 그 의미를 정확하고 엄격하게 구분해야 할 숙어나 단어들이 있다. 예를 들어, wear(입다)는 옷이나 장신구를 몸에 거리고 있는 상태를 의미하고, put on(입다)은 그것을 몸에 걸치는 동작을 의미한다.

This man always wears black shoes.

이 남자는 항상 검은 구두를 신고 있다

I put on my clothes in the morning. 나는 아침에 옷을 입는다.

이렇게 동작과 상태의 구분은 문장의 뜻을 정확하게 이해하면 그런대로 쉽게 이해할 수 있다. 그러나 그렇지 못할 경우도 없지 않다. 예를 들어 〈우리는 정원에서 꽃을 땄다〉고 할 때, 동사로 pick을 쓸 것인가 아니면 pick up을 쓸 것인가 고민스럽게 된다.

이럴 경우를 위해 우리는 단어와 숙어를 암기하면서 그 의미를 정확하게 파악할 필요가 있는 것이다. pick은 목적어로 과일이나 꽃이 나오면 '따다, 비틀어 따다'는 의미가 된다. pick up은 '땅에서 주워 올린다'는 의미다. 따라서 위의 예문에서는 당연히 pick가 선택되게 된다.

We picked flowers in the garden.

The boy picked up a stone.

비슷하게 grow(성장하다)와 grow up(성장해 어른이 되다)도 정확한 구분이 필요하다.

Babies grow very quickly.(o) 어린아기는 급속히 성장한다

Babies grow up very quickly.(x)

When I grow up I shall be a doctor.

나는 어른이 되면 의사가 될 것이다.

8

부사 역할을 하는 숙어

1040 all at once   갑자기

〈동의어〉 all of sudden

▶ It began to rain *all at once.* 갑자기 비가 내리기 시작했다.

NOTE ● **at once** 즉시, 곧

1041 all but   거의, …을 제외한 전부

〈동의어〉 almost, nearly

▶ He is *all but* dead. 그는 거의 죽은거나 다름없다.
▶ The people were rescued *all but* one.
한 사람을 빼놓고는 모두 구출되었다.

NOTE ● **anything but** (부정문에서) 결코 …않다(아니다)
He will do *anything but* work. 그는 절대 일하지 않을 것이다.

1042 all in all   전부 합해서, 대체로

▶ Trust him *all in all,* or not at all.
그를 전적으로 믿거나 아니면 절대로 믿지 마라.
▶ *All in all* things are going well.
대체로 일이 잘 되어가고 있다.

1043 all one's life   한평생

▶ He lived *all his life* in Seoul.
그는 서울에서 전 생애를 살았다.

NOTES ● **all** + 무관사 추상명사는 일반적인 뜻을 강조할 뿐이다.
All life is a series of activities. 삶이란 활동의 연속이다.

1044 all the same   아무래도 좋은, 그래도 역시

▶ You can do it now or later, it is *all the same* to me.
너는 그것을 지금이나 나중에 해도 된다. 나에게는 아무래도 좋다.
▶ He gives us a lot of troubles, but I like him *all the*

same.
그는 우리에게 여러가지로 폐를 주지만 그래도 나는 그가 좋다.

[주의] 〈**all the** + 비교급〉은 〈그만큼 더, 더욱 더〉라는 뜻이다.
His delay made the situation *all the worse.*
그가 늦어서 사태는 더욱 악화되었다.

1045 all the year round   1년 내내

▶ It is very warm here *all the year round.*
여기는 연중내내 매우 따뜻하다.

참고   **for years** 여러해 동안

**1046 and so forth   …등등
1047 and so on**

〈동의어〉 and the like, etc

▶ The child is learning the violin, English *and so forth.*
그 아이는 바이올린, 영어 등등을 배우고 있다.

1048 as follows   아래와 같이

▶ The details are *as follows.* 상세한 것은 아래와 같습니다.

[주의] 이때 **follows**는 비인칭동사이며, 따라서 언제나 3인칭 단수
현재형으로 쓰인다.

1049 as much as to say   마치 …라고나 말하려는듯이

▶ He looked *as much as to say*, "That's ridiculous."
그는 "그것은 말도 안돼."라고 말할려는 듯이 보였다.

NOTE ● **as much as** …만큼의
He likes cooking *as much as* she does.
그도 그 여자 만큼이나 요리하기를 좋아한다.

1050 as usual   여느때 처럼

〈동의어〉 usually

> He was late for school *as ususal.*
그는 여느때와 마찬가지로 지각했다.

NOTE ● **as such** 그런 식으로, 그 자격으로
She is a lunatic and should be treated *as such.*
그 여자는 미치광이다. 따라서 그렇게 취급되어야 한다.

1051 as yet 아직, 지금까지는

> He has not arrived *as yet.* 그는 아직 도착하지 않았다.

참고 but yet = and yet 그럼에도 불구하고, 그러나
It is strange *and yet* true. 이상한 일이지만 사실이다.

1052 at ease 편하게, 마음놓고

〈동의어〉comfortably

> He now lives *at ease.* 그는 지금 편하게 살고 있다.

참고 **be/feel at ease** 마음을 놓다
be ill at ease 마음이 불안하다

1053 at every turn 도처에

> In Kyoungjoo you can see such a temple *at every turn.* 경주에서는 그런 절을 도처에서 볼 수 있다.

참고 **by turns** 번갈아, 차례로
out of turn 순서없이, 무모하게

1054 at intervals 때때로, 여기저기에

> It rained *at intervals.* 비가 이따금씩 내린다.
> Flowers were arranged *at intervals.*
꽃들이 여기저기 꽂혀있다.

NOTE ● **after an interval of five years** 5년의 간격을 두고

1055 at one's leisure 한가할 때

▶ Will you look through these papers *at your leisure*?
한가할 때 이 서류들을 훑어보아 주시겠습니까?

NOTE ● **have no leisure for + 명사/to do** ···할 틈이 없다

1056　**at (one's) pleasure**　원하는대로, 뜻대로

〈동의어〉 as you please

▶ You may go or stay *at your leasure*.
가든 머무르든 당신 마음대로 하십시오.

참고　**for pleasure** 그저 재미로

1057　**at random**　닥치는대로, 함부로

▶ Don't read *at random*. 닥치는대로 책을 읽지마시오.
▶ I chose five books *at random*.
나는 아무렇게나 책 다섯 권을 골랐다.

[주의]　**random－randomer－randomest**

1058　**at rest**　휴식하여

▶ Are you *at rest* or at work?
쉬고 있습니까, 아니면 일하고 있습니까?

참고　**put/set··· at rest** : ···을 안심시키다

1059　**back and forth**　앞뒤로, 이리저리

▶ The teacher is walking *back and forth* on the platform. 선생님이 교단에서 이리저리 걷고 계신다.

1060　**back to back**　등을 맞대고

▶ I happened to sit *back to back* with a beautiful lady.
나는 우연히 아름다운 아가씨와 등을 맞대고 앉았다.

참고　**be/lie on one's back** 반듯이 누워자다, (병으로) 몸져 눕다

| 1061 | **be about to＋동사** | 막 …하려고 하다 |

▶ The sun *is about to* set. 해가 막 지려고 한다.

[주의]　**be about to do**의 형식으로 가까운 미래를 표현한다.
　　　　be just about 다음엔 동명사형을 쓴다.

| 1062 | **best of all** | 무엇보다도 |

▶ I love quietness *best of all*. 무엇보다도 조용한 것이 좋다.

참고　**as best (as) one can** 될 수 있는대로
　　　 I comforted her *as best as I could*.
　　　 나는 할 수 있는 만큼 그녀를 위로했다.

| 1063 | **between ourselves** | 우리끼리 이야기인데, 비밀이지만 |

▶ Just *between ourselves*, he'll shortly be fired.
　우리끼리 이야기인데 그는 곧 해고당할거야.

참고　**shortly**는 부사로 '곧, 간단하게'란 의미를 갖는다.

| 1064 | **beyond description / expression** | 말로 표현할 수 없는 |

▶ His life was miserable *beyond description*.
　그의 삶은 형용할 수 없을 만큼 비참했다.

참고　**beyond dispute** 이론의 여지가 없이

| 1065 | **by accident** | 우연히 |

〈동의어〉 by chance

▶ I saw him *by accident*. 나는 우연히 그를 만났다.
▶ She dropped a spoon into the cup *by accident*.
　그녀는 우연히 스푼을 컵에 빠뜨렸다.

| 1066 | **by degrees** | 점차, 차차로 |

〈동의어〉 gradually

▶ *By degrees* your salary will be raised.
점차 당신의 봉급은 인상될 것입니다.

[주의] **degrees**로 복수형임에 주의할 것.

1067 **by far** 훨씬, 단연코

▶ He is *by far* the best. 그는 단연 최고다.

[주의] **far**와 마찬가지로 **by far** 역시 비교급을 수식한다.

1068 **by halves** 어중간하게

▶ Don't do anything *by halves*. 어중간하게 일하지 마라.

[주의] **by half** 반쯤, 반만큼
half의 단,복수 형태에 따른 의미변화가 있음에 주의할 것.

1069 **by leaps and bounds** 순조롭게, 차근차근

▶ Our sales increased *by leaps and bounds*.
매상이 순조롭게 증가했다.

1070 **by name** 이름으로

▶ I know him only *by name*.
나는 그를 이름만 알고 있을 뿐이다.

참고 **by the name of** …의 이름으로(의)
I know a young man *by the name of* Smith.
나는 스미스라는 이름의 젊은이를 안다.

1071 **by nature** 선천적으로, 본래

▶ He is kind *by nature*. 그는 원래 친절하다.

NOTE ● **in nature**는 '사실상'이란 뜻이다.

1072 **by now** 지금쯤

▶ He will have arrived in Seoul *by now*.
그는 지금쯤 서울에 도착했을 것이다.

NOTE ● 전치사 **by**는 시간적 개념으로 '…까지는(=not later than)'이
란 뜻을 갖는다.
I'll let you know *by Monday*. 월요일까지는 알려드리겠습니다.

1073 by twos and threes　삼삼오오(떼를 지어), 두세 사람씩

▶ The students returned to the dormitory *by twos and*
threes. 학생들은 둘셋씩 짝을 지어 기숙사로 돌아왔다.

참고　**by ones and twos** 하나 둘씩

1074 day by day　　　　매일매일, 날마다
1075 day after day

▶ I worked very hard *day after day* to pass the exami-
nation. 나는 시험에 합격하려고 매일매일 열심히 공부했다.

1076 even if　　　　비록 …한다 할지라도
1077 even though

〈동의어〉 although

▶ I will go out *even if* it rains.
비가 온다 할지라도 나는 외출할 것이다.

[주의]　사실 **even**이 없이 나타나더라도 문맥에 따라, **if**나 **though**만
으로도 양보절의 해석이 가능하다.

1078 ever since　　　　그 이후로

▶ I have been in good health *ever since*.
나는 그 이후로 좋은 건강 상태를 유지하고 있다.

NOTE ● **ever since** 다음에 절이 나올 수도 있다.
I have lived in Seoul *ever since* I was a boy.
나는 어렸을 적부터 계속해서 서울에 살고 있다.

 for all that　　　　그럼에도 불구하고

▶ He is kind *for all that*. 그럼에도 불구하고 그는 친절하다.

[참고]　for all… : …이 있음에도 불구하고
For all his faults, he is loved by all.
그는 결점이 있음에도 불구하고 모두에게 사랑받는다.

1080　**for convenience(') sake**　　편의상

▶ We can make it do *for convenience' sake*.
우리는 편의상 그렇게 해버릴 수 있다.

[주의]　**for the convenience of**　　…의 편이를 도모하여

1081　**for fun**　　　　장난으로, 재미로

▶ She plays the piano *for fun*. 그녀는 재미로 피아노를 친다.

[주의]　**play ＋ the** 악기이름 : 악기를 연주하다
play ＋ 무관사＋게임이름 : 게임을 하다

1082　**for good**　　　　영원히

〈동의어〉 forever

▶ He feels like staying in Korea *for good*.
그는 영원히 한국에서 머무르고 싶어한다.

[주의]　like와는 달리 **feel like** 다음엔 명사나 동명사만이 쓰인다.

1083　**for nothing**　　　　공짜로, 무료로

▶ You can have this *for nothing*.
공짜로 이것을 가질 수 있다.

NOTE ● **have nothing to do with** …와 아무런 관계도 없다.

1084　**for once**　　　　한번만

▶ I will pardon you *for once*. 한번만 너를 용서하겠다.

NOTE ● **for this once, just (for) this once** 이번에 한해서

1085 for some reason or other　　이런저런 이유로

▶ He could not attend the meeting *for some reason or other*. 그는 이런저런 이유로 회의에 참석할 수 없었다.

1086 from bad to worse　　점점 더 악화되어

▶ The situation went *from bad to worse*.
상황은 점점 악화되어갔다.

[주의] **what is worse = to make matters worse** (설상가상으로)
는 문장전체를 수식하는 부사구로 쓰인다.

1087 generally speaking　　일반적으로 말해서

▶ *Generally speaking*, we eat more bread than before.
일반적으로 말해서 우리는 예전보다 더 많은 빵을 먹는다.

NOTE ● …ing 형태로 이루어지는 부사적 숙어들
considering …　　　…을 고려하면
frankly speaking　　솔직히 말하면
granting that …　　설사 …이라 할지라도, …이라고 치고
judging from…　　　…으로 판단하건데
providing that …　　만약 …이라면

1088 in all　　　　통털어

▶ The applicants are three hundred *in all*.
지원자는 모두 300명이다.

1089 in all probability　　십중팔구

〈동의어〉 probably

▶ *In all probability* he will succeed in the examination.

십중팔구 그는 시험에 합격할 것이다.

NOTE ● **probable**이 **possible**보다 가능성이 더 큰 경우에 사용된다.

1090 in all respects　　　모든 점에서

▶ They resemble each other *in all respects*.
그들은 모든 점에서 서로 닮았다.

[참고]　in some respects　　어떤 점에서
　　　　 in every respect　　모든 점에서
　　　　 in no respect　　　 전혀 … 아니다

[주의]　**respect**의 단.복수형에 주의할 것

1091 if anything　　　어느 편이냐 하면

▶ He is, *if anything*, a little better today.
어느 편인가 하면, 그는 오늘 좀 나은 편이다.
▶ She is, *if anything*, taller than her mother.
어느 편인가 하면 그녀는 어머니보다 키가 크다.

NOTE ● **if anything**은 비교급에서 쓰이기로 되어있다.

1092 in common　　　공통으로, 공동으로

▶ The two have hobbies *in common*.
그 둘은 공통된 취미를 가지고 있다.
▶ They have nothing *in common* with each other.
그들은 서로 공통된 것이 하나도 없다.

[참고]　**out of (the) common** : 비범한, 진귀한

1093 in company　　　사람들 틈에서, 사람들 앞에서

▶ I don't like to be seen *in company*.
나는 사람들 앞에 나타나기를 좋아하지 않는다.

[참고]　**in company with** …와 함께
I would like to go abroad *in company with* then.

나는 그들과 같이 외국에 나가고 싶다.

1094 in due course/time   때가 오면, 머지않아

> ▶ If you work hard, you will be promoted *in due course.*
> 열심히 일하면 머지않아 승진하게 될 것이다.

1095 in earnest   진지하게, 본격적으로

〈동의어〉earnestly

> ▶ He is working *in earnest.* 그는 진지하게 일하고 있다.
> ▶ It began to rain *in earnest.* 비가 본격적으로 내리기 시작했다.

1096 in effect   실제로, 효력이 있는

〈동의어〉in force   〈반의어〉of no effect 무효의, 무익한

> ▶ *In effect* the situation is this. 사실상 상황은 이렇다.
> ▶ The law is still *in effect.* 그 법은 아직 효력이 있다.

[참고]   **come into effect** (새 법이)발효되다

1097 in haste   급히

〈동의어〉hastily

> ▶ He went upstairs *in haste.* 그는 급히 윗층으로 올라갔다.

[주의]   부사 **hastily**의 철자에 주의가 필요하다.

1098 in itself   본래

> ▶ Diamond is hard *in itself.* 다이아몬드는 본래 단단하다.

1099 in no way   결코 … 않다

> ▶ You are *in no way* to blame.
> 너는 결코 비난받을 사람이 아니다.

[참고]   There's *no way to* prove that he was stealing.

그가 도둑질하고 있었다는 것을 증명할 방법은 없었다.

1100 in one's place ···을 대신하여

▶ I'll go *in your place*. 내가 너를 대신하여 가겠다.

NOTE ● ⟨**in place of** + **사람**⟩에서 **of** + **사람**이 소유격으로 변한 꼴
이다

1101 in practice 실제로

▶ This idea does not work *in practice*.
그 생각은 실제로 활용되지 않는다.

참고 **be in practice** (의사가) 개업하고 있다
keep in practice 끊임없이 연습하다

1102 in reality 현실적으로, 사실은

⟨동의어⟩ really ⟨반의어⟩ in name 이름만으로

▶ He looks very kind but, *in reality*, he is not.
그는 매우 친절해 보이지만 사실은 그렇지 않다.

NOTE ● **look** + 형용사(···인듯 보이다)는 외형적으로 그렇게 보인다
는 뜻으로 실제로는 그렇지 않은 가능성이 크다는 것을 암시
한다.

1103 more and more 점점 더

▶ That shop will become *more and more* prosperous.
저 가게는 점점 더 번창할 것이다.

참고 **much(still) more** (긍정문에서 사용) 하물며
She can speak French, *much more* English.
그녀는 프랑스어 뿐아니라 하물며 영어로도 말할 줄 안다.

1104 more or less 다소간

▶ He is *more or less* excited. 그는 다소 흥분되어 있다.

| 참고 | **much(still) less** (부정적 어구 뒤에서) 하물며 …은 아니다
I cannot part with the picture, ***much less*** destroy it.
나는 그 그림을 내놓을 수 조차 없는데 하물며 찢어버릴 수는 더욱 없다.

1105 **next to** (부정어 앞에서) 거의

▶ It is ***next to*** impossible. 그것은 거의 불가능하다.

| 참고 | next to nothing 거의 없는

1106 **no doubt** 의심할 바 없이

▶ ***No doubt*** it is true. 의심할 바 없이 그것은 사실이다.

| 참고 | **doubt**는 '…이 사실이 아닐지도 모른다'는 부정적인 의심이나 의혹을 뜻한다.

1107 **no more than** 단지 …에 지나지 않는

〈동의어〉 only

▶ I have ***no more than*** 5 dollars.
나는 5달라 밖에 가지고 있지 않다.

[주의] 〈**no more A than B**〉는 〈B가 …아닌 것 처럼 A도 …아니다〉라는 뜻으로 〈**not A any more than B**〉로 바꾸어 쓰일 수 있다.
He is ***no more*** a poet ***than*** I am.
내가 시인이 아닌 것 처럼 그도 시인 아니다.

1108 **not to say** …라고 말할 수는 없어도

▶ It is very cool, ***not to say*** cold.
춥다고는 말할 수 없어도 무척 서늘하다.

1109 **now and then/again** 때때로

〈동의어〉 from time to time, some times

▶ We hear from our son *now and then.*
우리는 때때로 아들로부터 소식을 듣는다.

NOTE ● **hear from** …으로 부터 듣다
hear of …에 관해 (소문을) 듣다

1110 off hand   즉석에서, 아무런 준비없이

▶ I'm sorry I can't answer your question *off hand.*
즉석에서 당신 질문에 대답할 수 없어 죄송합니다.

참고 **out of hand** 즉시, 힘에 겨워

1111 on and on   잇달아, 계속해서

▶ She talked *on and on* for two hours.
그녀는 두시간 동안 계속해서 말했다.

참고 **on and off** 이따끔

1112 on business   업무상, 사업차

▶ I am going to New York *on business.*
나는 사업차 뉴욕에 갈 예정이다.

NOTE ● 이때 전치사 **on**은 〈한참 …중의, …상태로〉란 뜻이다.
a policeman on duty 근무중인 경찰

1113 on foot   걸어서

▶ He came *on foot* all the way to Seoul.
그는 줄곧 걸어서 서울에 왔다.

참고 **by train, car, bicycle**   기차, 자동차, 자전거로
by water, sea, air, rail   수로, 해로, 공로,철도로

1114 on one's part   …쪽에서, …편에서

▶ There is not any objection *on my part.*
나로서는 아무런 이의가 없다.

1115 **once upon a time**　　옛날에

▶ *Once upon a time* there lived a beautiful girl in Korea. 옛날 옛적에 한국에 아름다운 소녀가 살았다.

1116 **one after another**　　번갈아, 차례로

〈동의어〉 in turn

▶ All his plans have failed *one after another*.
그의 모든 계획이 차례차례 실패로 돌아갔다.
▶ Planes took off *one after another*.
비행기들이 차례로 이륙했다.

[주의]　세 개 이상의 것에 대해서 쓰이는 숙어이다.

1117 **one by one**　　하나씩, 한 사람씩

▶ Will you please come to me *one by one*?
한 사람씩 나에게 와주시겠습니까?

참고　**ten to one** 십중팔구

1118 **other things being equal**　　다른 조건이 같다면

▶ *Other things being equal*, I would like to live on the second floor, not on the first.
다른 조건이 같다면, 나는 1층이 아니라 2층에서 살고 싶습니다.

NOTE ● 결국 이 숙어는 분사절의 조건절로 해석하면 된다.

1119 **out of date**　　시대에 뒤떨어진

〈반의어〉 up to date 현재까지, 최신의

▶ They are useless and *out of date*.
그것들은 쓸모없고 시대에 뒤떨어진 것이다.

NOTE ● What's the date? 오늘은 며칠인가?
What day is it? 오늘 무슨 요일인가?

1120 over and over (again) 몇번이고 되풀이 해서

〈동의어〉 repeatedly

▶ He read her letter *over and over again.*
그는 몇번이고 되풀이해서 그녀 편지를 읽었다.

NOTE ● 이때 **again**은 반드시 필요한 것이 아니다. **over and over**로 충분하다

1121 right away 당장

〈동의어〉 at once

▶ Go home *right away.* 당장 집으로 가라.

1122 so far 지금까지

▶ How many words have we studied *so far*?
지금까지 우리는 얼마나 많은 단어를 공부했느냐?

참고 **so far as … …**하는 한, 뒤에서는 언제나 절이 나온다.

1123 sooner or later 조만간

▶ *Sooner or later,* he will come here. 조만간 그는 올 것이다.

NOTE ● 비교급이 아닌 **soon or late**로도 같은 의미를 나타낼 수 있다.

1124 strange to say 이상하게 들리겠지만

〈동의어〉 strange as it may sound

▶ *Strange to say,* this is true.
이상하게 들리겠지만 이것은 진실이다.

1125 strictly speaking 엄밀하게 말해서

▶ *Strictly speaking,* this is not correct.
엄밀하게 말해서 이것은 옳지 않다.

1126 **to all appearance(s)**　어느모로 보나

> *To all appearance* he is healthy.
어느모로 보나 그는 건강하다.

참고　　**at first appearance** 언뜻 보기에는

1127 **to be frank with you**　솔직히 말해서

〈동의어〉 frankly speaking

> *To be frank with you*, you are too thoughtless.
솔직히 말해서 너는 너무 경솔하다.

[주의]　독립 부정사라 일컬어지는 표현이다.

1128 **to be sure**　　　　　**과연, 확실히**

〈동의어〉 surely

> He has a clear head, *to be sure*, but he has no heart.
그는 확실히 머리가 영민하지만 인정머리가 없다.

1129 **to do one justice**　…를 공평히 판단해보건데

> *To do her justice*, she is a good-natured woman.
그녀를 정당히 평가해보면 성격이 좋은 여자이다.

[주의]　독립 부정사가 아닌 경우로, **do … justice = do justice to
…** : …을 올바르게 평가하다

1130 **to make matters worse**　설상가상으로

〈동의어〉 what is worse

> *To make matters worse*, he fell ill.
설상가상으로 그는 병까지 들었다.

[주의]　이 숙어도 독립 부정사로 보면 된다.

 to one's advantage   …에게 유리하게

▶ It has turned out to be *to my advantage.*
결국 내게 유리하게 되었다.

NOTE ● **turn out to do = prove to do** …임이 판명되다

1132 **to one's heart's content**   마음껏, 만족할 때까지

▶ I ate *to my heart's content.* 나는 마음껏 먹었다.

1133 **to/within one's knowledge**   …가 아는 한에서

▶ He hasn't come back, *to my knowledge.*
= He hasn't come back so far as I know.
내가 알기로는 그는 돌아오지 않았다.

1134 **to some extent**   어느 정도까지는
1135 **to a certain extent**

▶ *To some extent* you are right. 어느 정도까지는 네가 옳다.

참고   **to a great (large) extent** 대부분, 크게
to the extent of + 명사/to the extent that−절 : …까지

1136 **to start with**   우선, 가장 먼저

〈동의어〉 to begin with

▶ *To start with,* I must thank you for your advice.
우선 당신 충고에 감사드립니다.

1137 **to tell the truth**   실은, 사실을 말하자면

〈동의어〉 truth to tell

▶ *To tell the truth,* I have no money with me.
솔직히 나는 돈이 없다.

1138 **under a lucky star**   행운의 별 아래에서

> ▶ He was born *under a lucky star.*
> 그는 행운의 별을 타고 태어났다.

참고   **thank one's lucky star** 운명에 감사하다

1139 **under one's breath**   작은 소리로

〈반의어〉 above one's breath 소리를 내어

> ▶ He spoke to me *under his breath.*
> 그는 작은 소리로 나에게 말했다.

NOTE ● 전치사 **under** 대신에 **below**를 사용해도 괜찮다.

1140 **upon my word**   맹세코

〈동의어〉 my word upon it

> ▶ *Upon my word,* he is reliable. 맹세코 그는 믿을 수 있다.

[주의]   이때 **my**는 언제나 화자를 가리키므로 인칭의 변화가 없다

1141 **up to date**   현재까지, 최신의

〈반의어〉 out of date 시대에 뒤진

> ▶ Ha has not written to us *up to date.*
> 그는 최근까지 우리에게 편지를 보내지 않았다.

NOTE ● 명사 **date** 앞에 아무런 관사도 쓰이지 않음에 주의할 것.

1142 **upside down**   뒤집어

> ▶ He turned the table *upside down.*
> 그는 테이블을 거꾸로 뒤집었다.

1143 **weather permitting**   날씨가 허락한다면

▶ *Weather permitting*, let's go for a hiking.
날씨가 허락하면 하이킹을 갑시다.

[주의] 독립분사구문으로 보아도 충분하다. 물론 이때 동사 **permit**
는 자동사로 보아야 한다.

NOTE ● **as far as** … **permit** : …이 허락하는 한

1144　with a will　　진심으로, 의도적으로

▶ He threw a stone at the bird *with a will*.
그는 의도적으로 그 새에게 돌을 던졌다.

[참고]　against one's will　본의아니게
　　　　at (one's) will　마음내키는대로

1145　with pleasure　　기꺼이

▶ I accepted his invitation *with pleasure*.
나는 기꺼이 그의 초대를 받아들였다.

[참고]　**have (a) pleasure in** + 동명사 : 기꺼이 …하다

1146　within one's means　　분수에 맞게

▶ He lived *within his means*. 그는 분수에 맞게 살았다.

[주의]　**means**가 복수로 취급되면 '재산, 수입'이란 뜻을 갖는다.

1147　without exception　　예외없이

▶ They are guilty *without exception*.
그들은 예외없이 유죄이다.

[참고]　without fail 틀림없이(=surely)
I'll be there *without fail*. 나는 틀림없이 거기에 있을 것이다.

QUESTION BOX

*** speak ill of의 수동태?**

He speaks ill of her.(그는 그녀를 험담한다)의 수동태는 She is ill spoken of by him이다. 즉 speak ill of를 take advantage of 처럼 하나의 동사로 보아 spoken ill of로 사용하지 않는다.

이런 차이를 이해하기 위해서는 ill의 기능을 우선 파악할 수 있어야 한다. 우선 ill은 부사로 기능하고 있다. 이런 정도나 양태를 표현하는 부사는 과거분사를 수식할 수 있고, 따라서 수식하는 과거분사의 앞에 위치하는 것이 원칙이다.

다른 예로 speak well of, speak highly of의 경우도 마찬가지이다.

● Bill spoke highly of John. 빌은 존을 칭찬했다

⇒ John was highly spoken of by Bill.

이런 원칙은 정도나 양태를 나타내는 부사에 한정된다는 점을 기억하고 있어야 한다. 다음 예에서 보듯이 do away with에서 away도 부사이지만 과거분사를 수식하기 보다는 마치 do away with가 하나의 동사인양 한꺼번에 움직이고 있다.

● He has done away with the bad habit. 그는 나쁜 습관을 버렸다

⇒ The bad habit was done away with by him.

9

관사와 전치사에 주의해야 할 숙어

1148 **a bit of**   약간의 , 소량의

▶ I have *a bit of* land. 나는 약간의 땅을 가지고 있다

참고   **a bit = a shade** 약간

[주의]   주로 양의 개념에 쓰인다.

1149 **a cloud of**   구름같이 많은, 무수히 많은

▶ *A cloud of* locusts destroyed the crops.
무수한 메뚜기들이 농작물을 망쳐버렸다.

참고   **a cloud of dust** 자욱한 먼지

[주의]   뒤에 오는 명사에 따라서 단,복수가 결정된다.

1150 **a couple of**   한쌍의

▶ I am going to stay here for *a couple of* days.
나는 이틀간 여기서 머물 예정이다.

1151 **a host of**   다수의

▶ They were faced with *a host of* difficulties.
그들은 많은 어려움에 직면했었다.

[주의]   주로 복수명사가 뒤에 온다.

1152 **a large number of**   다수의, 많은

▶ *A large number* of soldiers were killed in the battle.
그 전투에서 많은 군인들이 전사했다.

[주의]   뒤에 복수명사가 오며 복수취급을 받는다.
이에 대립되는 양을 표현하는 숙어는 **a good deal of**…

1153 **a loaf of**   한 덩어리의

▶ He didn't give me even *a loaf of* bread.
그는 나에게 빵 한 조각 주지 않았다.

[주의]　복수형으로는 **two loaves of bread** 두 덩어리의 빵

1154　a lump of　　　　한 덩어리의

▶ Will you put *a lump of* sugar in my coffee?
내 커피에 설탕 한 덩어리를 넣어주시겠습니까?

NOTE ● **all of a lump** 한 덩어리가 되어, 통털어
a lump of clay 한 덩어리의 흙, 인간

1155　a multitude of　　　다수의, 많은

▶ I know *a multitude of* people in China.
나는 중국 사람을 많이 알고 있다.

1156　a pair of　　　　한쌍의

▶ I'll buy you *a pair of* shoes.
너에게 신발 한 켤레를 사주겠다.

[주의]　**a pair of** …는 단수 취급을 받으며, 복수가 되기 위해서는
two pairs of shoes 등으로 쓰인다.

1157　a particle of　　　극소량의

▶ She doesn't have *a particle of* kindness.
그녀는 친절함이 조금도 없다.

참고　**not a particle of evidence** 티끌만한 증거도 없는

1158　a piece of　　　　한 개의

▶ He gave me *a piece of* bread. 그는 내게 빵 하나를 주었다.

참고　**a piece of chalk** 분필 하나
a piece of furniture 가구 한 점

1159 **a quantity of** 많은

▶ He gave me *a* large *quantity of* potatoes.
그는 내게 많은 감자를 주었다.

참고 **quantities of money** (많은 돈)처럼 복수형이 쓰이기도 한
다.

1160 **a range of** 일련의

▶ We saw *a range of* beautiful mountains.
우리는 일렬로 늘어선 아름다운 산들을 보았다.

참고 **within the range of** …의 손에 미치는, …가 할 수 있는

1161 **a school of** (물고기 등의) …의 떼

▶ We saw *a school of* sardines swimming.
우리는 정어리 떼가 헤엄치는 것을 보았다.

참고 a flock of (양, 새 등의) …의 떼(무리)

1162 **a series of** 일련의, 연속된

▶ I met with *a series of* misfortunes.
나는 연속되는 불운을 겪었다.

[주의] **series**는 언제나 복수형으로 쓰이지만 단수취급을 받는 명사
이다.

1163 **a sort of** 일종의

〈동의어〉 a kind of

▶ The tulip is *a sort of* grass. 튜립은 풀의 일종이다.

[주의] 뒤에는 단수 명사가 오는 것이 원칙이다.(무관사)

1164 **a spoonful of** 한 숟가락 정도의

▶ Put *a spoonful of* sugar in my milk, please.
내 우유에 한 숟가락 정도의 설탕을 넣어주십시요.

[주의]　뒤에는 양을 나타내는 물질명사가 쓰인다.

1165 a touch of　　　　　　…기, 조금

▶ This soup wants *a touch of* salt.
이 스프에는 소금기가 모자란다.

[주의]　뒤에는 셀 수 없는 명사가 온다.
There was *a touch of* irony in his voice.
그의 목소리에는 빈정대는 기운이 엿보였다.

1166 a world of　　　　　　무수한, 산더미 같은

▶ I have *a world of* letters to answer.
나는 답해야 할 편지가 엄청나게 많다.

[주의]　뒤에는 주로 복수형의 명사가 온다.

1167 an amount of　　　　　　많은

▶ We did *an amount of* work. 우리는 많은 일을 했다.

[참고]　**any amount of** 매우 많은, 아무리 많은 …라도

1168 an armful of　　　　　　한아름의

▶ He bought *an armful of* books at a bookstore.
그는 서점에서 한아름의 책을 샀다.

[참고]　**an armful of wood** 한아름의 장작

1169 above all　　　　　　무엇보다도

▶ *Above all*, take care of yourself. 무엇보다도 몸 조심을 해라.

[주의]　**care**를 중심으로 숙어의 뜻을 분명히 구분해두어야 한다
take care of　…을 보살피다

| care about | …을 염려하다 |
| care for | …을 원하다, …을 걱정하다 |

1170   above one's understanding   이해할 수 없는

▶ His new theory is *above my understanding,*
그의 새 이론은 내 이해 범위를 넘어선다.

1171   after a while   잠시후

▶ We began to work *after a while.*
우리는 잠시후 일하기 시작했다.

참고 이때 **while**은 명사로 '잠시, 동안'이라는 의미를 갖는다.

1172   against a rainy day   만약을 대비해서

▶ You must provide *against a rainy day.*
너는 만약을 대비해 준비해 두어야만 한다.

1173   as a matter of course   당연한 것으로

▶ *As a matter of course,* the diligent student succeeded
in the examination.
당연히 그 근면한 학생은 시험에 합격했다.

참고 a matter of course 당연한 일

1174   as a matter of fact   사실상

▶ *As a matter of fact,* he knows nothing about it.
사실 그는 그것에 대해 아무 것도 모른다

NOTE ● **no matter what, when** 무엇이(언제) …한다 할지라도

1175   as a result of   …의 결과로

▶ He was injured *as a result of* a boiler explosion.
그는 보일러 폭발로 부상당했다.

참고 **in result**　　그 결과
　　　　in the result　　결국

1176 as a rule　　　　대개, 일반적으로

〈동의어〉 generally

▶ He gets up at six *as a rule*. 대개 그는 여섯시에 일어난다.

참고 **as a whole** 전체로, 총괄하여

1177 at a blow　　　　일격에

▶ I knocked him down *at a blow*.
나는 그를 일격에 때려 눕혔다.

NOTE ● **knock down** ……을 때려눕히다

1178 at a breath　　　　단숨에

▶ I have read the novel *at a breath*.
나는 단숨에 그 소설을 읽었다.

1179 at a loss　　　　어쩔줄 몰라서, 손해를 보고

▶ I was quite *at a loss* for words.
나는 무슨 말을 해야할지 상당히 당황했다.
▶ I was *at a loss* what to do. 나는 어쩔 줄 몰랐다.
▶ He sold it *at a loss*. 그는 손해를 보고 그것을 팔았다.

1180 at a standstill　　　　정지상태에 있는

▶ Our project is *at a standstill*.
우리 계획은 중단상태에 있다.

참고 **come to a standstill** 멈추다, 막히다

1181 at a touch　　　　닿기만 해도

▶ The soap bubble bursts *at a touch.*
비누방울은 닿기만 해도 터진다.

참고 **bring in touch with** …와 접촉시키다

1182 at a venture 　　운에 맡기고, 닥치는대로

〈동의어〉 at random

▶ He reads books *at a venture.*
그는 닥치는대로 책을 읽는다.

참고 **ready for any venture** 어떤 위험도 불사하는

1183 at any moment 　　언제든지

▶ Our customers may come *at any moment.*
우리 고객은 언제라도 올 수 있습니다.

참고 **for the moment** 우선, 당장은
for a moment 잠깐동안, 당장 그때만은

1184 at full length 　　상세히

〈동의어〉 in detail

▶ He explained it *at full length.*
그는 상세히 그것을 설명했다.

참고 **at length** 상세히, 드디어(=at last)
At length they arrived at Rome.
마침내 그들은 로마에 도착했다.

1185 at latest 　　늦어도

▶ You must be back by six *at latest.*
늦어도 6시까지는 돌아와야 한다.

[주의] 정관사 **the**를 덧붙여, **at the latest**로 사용할 수 있다.

1186 at least 　　적어도

▶ It will take *at least* a year to write this book.
이 책을 쓰는데는 적어도 일년이 걸릴 것이다.

[주의] 정관사 **the**를 덧붙여 **at the least**로 쓸 수도 있다.

1187 at once 　　즉시, 동시에

▶ Do it *at once.* 즉시 그것을 해라.
▶ Don't do two things *at once.* 동시에 두가지 일을 하지마라.

NOTE ● **at once A and B** A하기도 하고 B하기도 한(=both A and B)
This book is *at once* interesting and profitable.
이 책은 재미있기도 하고 유익하기도 하다.

1188 at one's command 　　…의 마음대로, …의 명령에 의해

▶ The money is *at his command.*
그 돈은 그가 마음대로 쓸 수 있다.

참고 **at command** 자유롭게 쓸 수 있는

1189 at one's convenience 　　형편 닿는 대로, 편리한 때에

▶ You may come *at your convenience.*
당신이 편리한 때 오십시요.

참고 **at one's early convenience** 형편되는대로 빨리

1190 at one's cost 　　…의 희생으로, …에게 손해를 끼치어

▶ I won't make money *at your cost.*
너에게 손해를 주면서까지 돈을 벌지는 않겠다.

NOTE ● **at any cost = at all costs = by all means**
어떻게 해서든지
Finish it today *at any cost.* 어떻게든 그것을 오늘 끝내라.

1191 at one's disposal 　　…의 마음대로, …의 뜻대로

▶ I have all the money *at my disposal.*
나는 이 돈을 모두 내 마음대로 쓸 수 있다.

참고 **at one's pleasure** 하고 싶은대로
You may come or go *at your pleasare.*
가든오든 당신 마음대로 하십시오.

1192 at one's mercy　　…의 마음대로, …에 좌우되어

▶ I was quite *at his mercy.*
나는 완전히 그의 처분에 달려있다.

참고 **for mercy, for mercy's sake** 제발, 불쌍히 여겨서

1193 at one's request　　…의 요구에 의하여

▶ We did it *at his request.*
우리는 그의 요구에 따라 그것을 했다.

참고 **at the urgent request of** …의 간청에 의하여

1194 at one's service　　…원하는대로

▶ They placed the whole house *at our service.*
그들은 집 전체를 우리가 원하는대로 쓰도록 했다.
▶ I'm *at your service.* 분부만 하십시요.

1195 at one's will　　…의 의지대로

▶ You may go or stay *at your will.*
가든 머무르든 네 마음대로 해라.

1196 at one's wits' end　　어찌할 바를 몰라

▶ I was *at my wits' end* to find the way.
나는 길을 찾지 못해 어찌할 바를 몰랐다.

NOTE ● 여기에서 **wits**는 복수로 '지혜'라는 뜻이다. 즉 지혜의 끝에
있으니 어쩔 줄 모르는 수 밖에 없지 않은가…

1197 **at present**　　　　현재, 지금

〈동의어〉 now

▶ I am very busy *at present*.
　= I am (as) busy as a bee now. 나는 지금 매우 바쁘다.

참고　　**up to the present** 오늘에 이르기까지

1198 **at school**　　　　재학중, 수업중

▶ He is *at school* in Seoul. 그는 서울에서 재학중이다.

NOTE ● 반대말로는 〈**out of school,** 졸업하여〉가 있다

1199 **at sea**　　　　항해중인

▶ His ship is *at sea* now. 그의 배는 지금 항해 중이다.

NOTE ● **go to sea**　　　선원이 되다, 출항하다
　　　　go to the sea　해안으로 가다

1200 **at the mercy of**　　　…의 마음대로, …에 좌우되어

▶ Our yacht was *at the mercy* of the waves.
　우리 요트는 파도에 내맡겨졌다.

[주의]　　**of** + **명사**에서 명사가 대명사로 나타날 경우 **at one's mercy**가 된다.

1201 **at (the) most**　　　많아야, 기껏해야

▶ I can pay you 5 dollars *at the most*.
　나는 많아야 5 달라를 네게 지불할 수 있다.

NOTE ● **at** + **최상급**
　　　　at best　　기껏해야, 전성 시절에
　　　　at least　　적어도
　　　　at worst　최악의 경우

at latest　늦어도

1202 at the outset　최초에, 처음에

▶ Go slowly *at the outset*. 처음에는 천천히 가라.

참고　**from the outset** 처음부터

1203 at the same time　동시에

〈동의어〉 at once

▶ They started *at the same time*. 그들은 동시에 출발했다.

1204 at the start　처음에는

▶ It was difficult *at the start*. 처음에는 어려웠다.

참고　**from start to finish** 처음부터 끝까지, 철두철미하게

1205 at work　작업 중인

▶ I was *at work* till late at night.
나는 밤 늦게까지 일하고 있었다.

NOTE ● **out of work**　실업중인, 고장이 나서

1206 behind the scenes　막후에서, 남몰래

▶ They have already reached a decision *behind the scenes*. 그들은 막후에서 이미 결정을 내렸다.

[주의]　**scenes**로 복수가 쓰였다.

참고　**behind one's back** …가 등을 돌리고 있을 때, …가 없는데서
Don't speak ill of others *behind their backs*.
사람이 없는데서 그를 헐뜯지마라.

1207 beneath one's notice　보잘 것 없는,
…의 주목을 끌지 못하는

▶ Although she is pretty, she is *beneath your notice*.
그녀가 비록 예쁘기는 하지만 네 관심을 끌지는 못한다.

참고　**at a monent's notice** 그 자리에서, 즉각

1208　beside oneself with　…로 제정신을 잃고, 흥분하여

▶ He was *beside himself with* joy.
그는 기뻐 제정신이 아니었다.

[주의]　이때 **beside**는 전치사로 '…을 벗어난(=apart from)'이란 뜻
이다.

1209　beside the point　요점을 벗어난

▶ Your argument is *beside the point*.
네 주장은 요점을 벗어난 것이다.

참고　beside the question 문제 밖에

1210　beyond comparison　비길 데 없는,

▶ The scenery in Seoul is *beyond comparison*.
서울의 경치는 비길데 없이 아름답다.

참고　beyond description　표현할 수 없는
　　　beyond words　　　말로 표현할 수 없는

1211　beyond doubt　의심할 바 없이, 물론

〈동의어〉 no doubt

▶ He will join us *beyond doubt*.
그는 틀림없이 우리와 합류할 것이다.

참고　**beyond belief** 믿을 수 없는

1212　beyond one's control　…의 조절력을 넘어서는

▶ The fire was *beyond our control*.

=We could not control the fire.
그 불은 우리가 손 쓸 수 없었다.

1213 beyond one's means　　분수를 넘어서

▶ He lives *beyond his means*. 그는 분수에 넘치게 산다.

1214 beyond praise　　이루 다 칭찬할 수 없을 만큼

▶ His contribution to world peace is *beyond praise*.
그의 세계 평화에 대한 기여는 이루 다 칭찬할 수 없다.

참고　**beyond measure** 측량할 수 없는, 대단한

1215 by a hair's breadth　　가까스로, 아슬아슬하게

▶ I escaped death *by a hair's breadth*.
나는 가까스로 죽음을 모면했다.

[주의]　**breadth**는 '폭'이란 뜻으로 총알이 머리카락 정도의 폭을 두고 내 옆을 지나갔다고 생각한다면 여간 아슬아슬한 것이 아니다.

1216 by the dozen　　12개 단위로

〈동의어〉 by dozens

▶ They sell eggs *by the dozen*. 달걀은 12개 단위로 판다.

NOTE ● 이때 **by**는 단위를 나타내는 전치사이다. 아래 계속되는 숙어에서 전치사 **by**는 모두 같은 개념이다.

1217 by the hour　　시간당

▶ I work *by the hour*. 나는 시간제로 일한다.

참고　**by the month** 1달 단위로
by month　　매월

1218 by the pound　　파운드당

▶ They sell meat *by the pound*.
고기는 파운드 단위로 팔려진다.

 work by the day 일당제

1219 **by the way**　　그런데

▶ *By the way*, were you over there that night?
그런데 그날 밤 당신은 거기에 있었습니까?

 by the root(s) 뿌리채
They pulled the fence out *by the roots*.
그들은 울타리를 송두리채 뽑아버렸다.

1220 **by the yard**　　야드 단위로

▶ They sell cotton cloth *by the yard*.
= Cotton cloth is sold by the yard.
면은 야드 단위로 팔린다.

1221 **for a certainty**　　확실히

〈동의어〉 certainly

▶ He was killed in the accident; I know it *for a certainty*. 그는 사고로 죽었다. 그것은 틀림없는 사실이다.

1222 **for a change**　　기분전환을 위해

▶ Let's take a walk *for a change*.
기분전환을 위해 산책을 하자.

1223 **for example**　　예를 들어
1224 **for instance**

▶ Think of your reading, *for example*.
예를 들어, 네가 하는 독서를 생각해보아라.
▶ I like every kind of sport; baseball, soccer, *for example*. 나는 모든 종류의 스포츠를 좋아한다. 예를 들어, 야구, 축구.

  as an example 한가지 예를 들자면

1225 **for one thing … ,**　　　한가지는, 우선 한가지 예를 든다
(for another …)　　　면 … , (또 게다가 …)

▶ *For one thing* I don't have money, for another I am too old. 우선 나는 돈이 없다. 또 게다가 너무 늙었다.

[주의] It is *one thing* to promise, and *another* to perform.
약속하는 것과 실행하는 것은 별개의 문제이다.

1226 **for one's life**　　　필사적으로

▶ He ran away *for his life*. 그는 필사적으로 도망쳤다.

NOTE ● **run away** 달아나다

1227 **for one's part**　　　…로서는

▶ *For my part* I know nothing about it.
= As for me, I know nothing about it.
나로서는 그것에 대해 아무 것도 모른다.

1228 **for the asking**　　　청구하는대로, 부탁하면 곧

▶ You may have these books *for the asking*.
너는 부탁하면 곧 이 책들을 받을 수 있다.

참고 **ask for**… : …을 청구하다, 부탁하다
He *asks for* you. 당신을 만나보기를 원합니다.
He *asked* me *for* some money.
그는 나에게 약간의 돈을 부탁했다.

1229 **for the life of me**　　　아무리 해도 (…아니다)

▶ I can't, *for the life of me*, remember what his name is. 아무리 해도 그의 이름이 무엇인지 기억할 수 없다.

[주의] 보통 부정문에서 사용되는 숙어이다.

| 1230 | **for the most part** | 대체로, 거의 |

〈동의어〉 mostly

▶ *For the most part*, we drove a car slowly.
우리는 대체로 천천히 차를 몰았다.

| 1231 | **for the present** | 현재로서는 , 당분간 |

〈동의어〉 for the time being

▶ This will be enough *for the present*.
당분간 이것으로 충분할 것이다.
▶ I'll stay here *for the present*. 현재로서는 여기에 머물겠다.

| 1232 | **for the rest** | 그밖에는 |

▶ *For the rest* it is all right. 그 이외에는 괜찮다.

참고　**as to the rest** 그 밖의 일이라면

| 1233 | **from a distance** | 멀리서 |

▶ We had a visitor *from a distance*.
우리는 멀리서 온 방문객을 맞았다.

참고　at a distance 얼마간 떨어져서

| 1234 | **from … point of view** | …의 관점에서 보면 |

▶ This plan is absurd *from* a practical *point of view*.
이 계획은 실질적 관점에서 보면 불합리하다.

| 1235 | **from time to time** | 때때로 |

▶ He falls ill *from time to time*. 그는 때때로 병에 걸린다.
= He is often taken ill.

참고　**from place to place** 이리저리로
At first the rules of baseball were different *from place*

to place. 처음에 야구규칙은 장소에 따라 달랐다.

1236 (go) for a walk　　　산책하다

▶ I feel like *going for a walk* on such a lovely day.
이렇게 화창한 날에는 산보하러 가고 싶다.

[주의]　관사의 위치
　① what, such, quite류＋a＋형용사＋명사
　　　What a nice day it is! 얼마나 좋은 날씨냐!
　② too, as, so류＋형용사＋a＋명사
　　　It is *too difficult a book* for her.
　　　이 책은 그녀에게 너무 어려운 책이다.

1237 (go) on an errand　　　심부름가다

▶ He used to *go on an errand*. 그는 심부름 가곤했다.

참고　**go on an errand of** …용건이 있어 가다

NOTE ● 일반적으로 '심부름가다'는 뜻은 전치사 **on**을 생략하는 경우
가 많다. 따라서 대부분의 경우 **go on an errand**는 '용건을
띠고 가다'는 뜻으로 받아들여진다.

1238 hundreds of　　　수백 개의…, 많은

▶ I caught sight of *hundreds of* birds.
나는 수백마리의 새들을 보았다.

1239 in a body　　　한 덩어리가 되어, 일단이 되어

▶ The Cabinet resigned *in a body*. 내각은 총사퇴를 했다.

참고　**in a circle** 원형을 이루어, 순환논법으로

1240 in a fright　　　깜짝 놀라서

▶ I couldn't speak a word *in a fright*.
나는 놀라서 한 마디도 할 수 없었다.

NOTE ● **give one a fright**　…을 놀라게 만들다(=frighten)
　　　 take fright at　　…에 놀라다(=be frightened at)

1241　in a great measure　　대부분, 상당히

〈동의어〉 to a great extent

▶ He is, *in a great measure*, responsible for it.
그는 상당 부분 그것에 대해 책임을 지고 있다.

[참고]　**in a measure** 다소, 얼마간

1242　in a hurry　　서둘러

〈동의어〉 in haste

▶ Everybody is *in a hurry*. 모두가 서두르고 있다.

[주의]　**haste**에는 관사가 없고, **hurry**에는 관사가 붙는다.
She left *in* great *haste*. 그녀는 몹시 서둘러 떠났다.

1243　in a passion　　화가 나서

〈동의어〉 in anger

▶ He talked loudly *in a passion*.
그는 화가 나서 큰소리로 말했다.

[주의]　**passion**과 **anger**에서 관사의 유무에 주의할 것.

1244　in a row　　한줄로, 잇달아

▶ There are five houses *in a row*.
다섯 채의 집이 잇달아 서있다.

1245　in a sense　　어떤 의미에서

〈동의어〉 in some sense

▶ What he said is, *in a sense*, true.
그가 말한 것은 어떤 의미에서 사실이다.

[참고]　**in all senses** 모든 점에서

1246 **in a way**　　　　　　　　어떤 점에서는, 어느 정도

▶ He is right *in a way.* 어떤 점에선 그가 옳다.

NOTE ● **way**를 중심으로 한 숙어들
　　　all the way　　　　…내내
　　　by the way　　　　그런데
　　　by way of　　　　…을 경유하여, …의 대신으로
　　　in no way　　　　조금도 …않다
　　　in some way　　　어떻게 해서든지
　　　in the way　　　　방해가 되어
　　　on one's way　　　도중에
　　　under way　　　　진행중에, 항해중에

1247 **in an emergency**　　　　비상시에는

〈동의어〉 in case of emergency

▶ *In an emergency,* we need to act with composure.
비상시에는 침착하게 행동할 필요가 있다.

참고　**emergency brake** (자동차의) 사이드 브레이크

1248 **in detail**　　　　　　　상세히

▶ I explained the matter *in detail.*
나는 그 문제를 상세히 설명했다.

참고　**detail by detail** 하나하나 상세하게

1249 **in fact**　　　　　　　　사실상

〈동의어〉 as a matter of fact

▶ He is, *in fact,* a dishonest man.
사실 그는 부정직한 사람이다.

1250 **in one's opinion**　　　　…의 견해로는

〈동의어〉 in the opinion of

▶ *In my opinion* you are right.
= I think that you are right. 내 생각으로는 네가 옳다.

참고   **act up to one's opinion** 소신껏 행동하다

1251 **in one's turn**　　…의 차례가 되어

▶ Please sing, each *in your turn*.
한 사람씩 차례가 되면 노래하십시요.

참고   **in turn** 번갈아, 차례차례

1252 **in other words**　　달리 말하면

▶ *In other words*, he is a hero. 바꾸어 말하면 그는 영웅이다.

참고   **in a word**　　　한마디로 말하면
　　　　in a few words　간단히 말하면

1253 **in part**　　일부분은, 부분적으로

〈동의어〉 partly

▶ What he said is, *in part*, quite true.
그가 말한 것의 일부분은 사실이다.

[주의]   **in parts** 일부분씩, 나누어

1254 **in person**　　몸소, 그 사람 자신은

▶ You must explain it to him *in person*.
당신은 몸소 그것을 그에게 설명해야만 한다.
▶ She looks better *in person* than on the screen.
그녀는 화면에서 보다 실제 인물이 더 나아 보인다.

참고   in one's own person가 쓰일 수도 있다.

1255 **in short**　　요약하면

〈동의어〉 in brief

▶ *In short*, he is a liar. 요약하면 그는 거짓말장이다.
▶ The man, *in short*, is not to be trusted.
요약하면 그 남자는 믿을 사람이 아니다.

[참고] **to be short**　　　　요컨데, 간단히 말하면
　　　　＝to put it shortly

1256　in the act of ＋ 동명사　　…하는 도중에

▶ He was caught *in the act of stealing*.
그는 도둑질을 하다 붙잡혔다.

NOTE ● **act**는 일회성의 순간적인 행위를 가리키며, **action**은 어느 기간에 걸친 여러번의 행위를 뜻한다.

1257　in the dark　　　　어둠 속에서

▶ I was left alone *in the dark*. 나는 어둠 속에 혼자 남겨졌다.

[참고] **at dark** 해질 쯤에

1258　in (the) future　　　　장래에, 앞으로

▶ Nobody knows what will happen *in the future*.
앞으로 무슨 일이 일어날지 아무도 모른다.

[참고] **in the near future** 가까운 장래에

1259　in the long run　　　　결국, 마침내

〈동의어〉 in the end

▶ Honesty will pay *in the long run*.
정직은 결국 보상받을 것이다.
▶ My brother will succeed *in the long run*.
내 형은 결국엔 성공할 것이다.

[참고] in the short run 단기적인 관점에서 보면

1260　in the making　　　　제작중인

▶ There are many other dictionaries *in the making.*
많은 다른 사전들이 제작중에 있다.
▶ He is a doctor *in the making.* 그는 지금 수련의이다.

1261 in the matter of …에 관해서는

▶ I want to be strict *in the matter of* money.
나는 돈에 관해서는 엄격하고 싶다.

1262 in trouble 어려움에 처한, 곤란한

▶ He is kind to everyone *in trouble.*
그는 곤란에 처한 모든 사람들에게 친절하다.

참고　　get one out of trouble …을 곤경에서 구출하다

1263 in vain 헛되이

〈동의어〉 without success

▶ I tried *in vain.* 노력했지만 허사였다.
▶ I tried *in vain* to break myself of this bad habit.
이 나쁜 버릇을 없애려 노력했지만 헛수고였다.

참고　　**in vain**이 문중에 쓰이더라도, 우리말로 해석할 때에는 위의
해석처럼 가장 나중에 하는 것이 좋다.

1264 not in the least 조금도 …않다

▶ I am *not in the least* tired. 나는 조금도 피곤하지 않다.

참고　　**least**는 **little**의 최상급이다.

1265 of a kind 같은 종류의, 신통치 않은

〈동의어〉 of a sort

▶ One animal does not attack another *of a kind.*
같은 종류의 동물끼리는 서로 공격하지 않는다.
▶ He is a writer *of a kind.* 그는 신통찮은 작가이다.

 이때 부정관사는 〈same, 같은〉이란 뜻으로 사용된 것이다.

1266 of a size 　　같은 크기의

 ▶ Their hats are both *of a size*.
  그들의 모자는 같은 크기이다.

 They are *of an age*. 그들은 동갑내기다.

1267 of great importance 매우 중요한

〈동의어〉 very important
〈반의어〉 of little importance 거의 가치가 없는

 ▶ It is a matter *of great importance*.
  그것은 무척 중요한 일이다.

NOTE ● of + 추상명사 → 형용사

1268 on a large scale 대규모로

〈반의어〉 on a small scale 소규모로

 ▶ They advertised the film *on a large scale*.
  그들은 그 영화를 대대적으로 선전했다.

NOTE ● 일반적으로 형용사 **large**는 구체적인 명사와 더불어 쓰인다.
  따라서 이때 **scale**을 〈눈금〉이라는 뜻으로 이해하면 추상적
  인 개념과 더불어 쓰이는 **great**가 아닌 **large**와 함께 쓰인
  이유를 알 수 있다.

1269 on an average / on the average 평균적으로

 ▶ Traffic accidents happen, *on an average*, ten times a
  day. 평균적으로 교통사고가 하루에 열 건 정도 일어난다.

[주의] 아무런 관사없이 **on average**가 쓰이기도 한다.

1270 on fire 　　화재가 난, 흥분한

▶ The house was already *on fire* when I got there.
내가 도착했을 때에는 이미 그 집은 불에 타고 있었다.

 full of fire 활기에 차서

1271 **on the decline**　　기울어져, 쇠퇴하여

▶ His prosperity is *on the decline.* 그의 운세는 내리막이다.

 go/fall into a decline 쇠퇴하다

1272 **on the increase**　　증가하고 있는

〈반의어〉 on the decrease 줄어들고 있는

▶ The number of cars in our country is *on the increase.*
우리나라의 자동차 수는 증가일로에 있다.

NOTE ● Smog in large towns is almost invariably followed by an *increase in* the death-rate
대도시의 스모그현상에 뒤따라 사망율의 증가가 있게 된다.

1273 **on the outskirts of**　　…의 변두리에

▶ He lives *on the outskirts of* a town.
그는 변두리에 살고 있다.

[주의] **outskirts**는 항상 복수형으로 쓰이는 명사이다.

1274 **(be) on the point of + 동명사**　　막 …하려고 하다

▶ He *was on the point of leaving* when I got there.
= He was about to leave when I got there.
내가 거기에 도착했을 때 그는 막 떠나려고 하고 있었다.

NOTE ● 가까운 미래를 표현하는 방법이다.

1275 **on the sly**　　은밀히, 남몰래

▶ I made arrangements with him *on the sly.*

나는 아무도 몰래 그와 타협을 했다.

NOTE ● 이때 전치사 **on**은 '…의 상태'를 나타내는 의미를 갖는다.

1276 on the spot　　즉석에서

▶ He suddenly fell down and died *on the spot*.
그는 갑자기 쓰러졌고, 그 자리에서 죽었다.

NOTE ● **price on the spot** 현물시세

1277 (be) on the watch for …을 조심하다, 기다리고 있다

▶ He *was on the watch* all night *for* fire.
그는 밤새도록 화재 경계를 섰다.
▶ He *is on the watch for* his father.
그는 아버지가 오는 것을 기다리고 있다.

참고　**be on watch** 당직이다
　　　be off watch 비번이다

1278 over/on the radio　　라디오로

▶ I was listening to the song *over the radio*.
나는 라디오로 그 노래를 듣고 있었다.

참고　**by radio** 무전으로

1279 plenty of　　풍부한, 많은

▶ There is *plenty of* time. 시간은 충분하다.

NOTE ● Einstein was *something of* a violinist.
아인슈타인은 바이올린을 제법 잘 켰다.

1280 quite a few　　꽤 많은

▶ We found the lounge crowded with *quite a few* guests. 휴게실은 꽤 많은 손님들로 붐비고 있었다.

[주의]　　quite＋a＋명사 : …제법, 꽤
She is *quite* a lady. (신분에 이울리지 않게) 제법 귀부인같다.

1281　**(read) between the lines**　행간을 읽다, 숨은 뜻을 알다

▶ *Reading between the lines*, you will know she loves you.
행간을 읽으면 그녀가 너를 사랑한다는 것을 알게 될 것이다.

NOTE ● **between**과 **among**의 차이
서로 분리된 것 사이를 표한할 때도 between, 분리되지 않고 하나의 덩어리로 여겨지는 것 사이의 관계를 표현할 때는 among을 쓴다.
His house is hidden *among* the trees.
그의 집은 나무사이에 가려져 있다.

1282　**to a day**　하루도 틀림없이, 꼬박

▶ It has been five years *to a day* since we got married.
우리가 결혼한 지 꼬박 5년이 되었다.

참고　**to date** 지금까지
He has done a good job *to date*. 그는 지금까지 일을 잘 해왔다.

1283　**to a degree**　다소, 꽤

〈동의어〉 to a certain degree

▶ He is proud *to a degree*. 그는 꽤 거만하다.

참고　**in a degree** 조금은

1284　**to a finish**　끝까지

▶ He likes to do anything *to a finish*.
그는 무슨 일이든 끝까지 하기를 좋아한다.

NOTE ● **fight to a finish**　끝까지 싸우다
fight to a man　마지막 한 사람까지 싸우다

| 1285 | **to a hair** | 조금도 틀리지 않고, 정확히 |

〈동의어〉 to an inch

▶ I guessed his height *to a hair*.
나는 정확히 그의 키를 추측했다.

| 1286 | **to one's taste** | …의 기호에 맞추어 |

▶ The other tie is more *to my taste*.
다른 넥타이가 내 마음에 더 든다.

참고 **to one's sorrow** 애석하게도
to one's surprise 놀랍게도
I learned *to my sorrow* the impossibility of the plan.
애석하게도 나는 그 계획의 불가함을 알게 되었다.

| 1287 | **to the minute** | 1분도 틀리지 않고, 정각에 |

〈동의어〉 to the moment

▶ I reached the station at seven *to the minute*.
나는 7시 정각에 정거장에 도착했다.

참고 **up to the minute** 최신의(up-to-date)

| 1288 | **to the point** | 적절하게, 요령있게 |

▶ He never spoke *to the point*. 그는 요령있게 말하지 못했다.
▶ Your answer is not *to the point*.
네 대답은 적절하지 못하다.

참고 **up to a point** 어느 정도

| 1289 | **to the utmost** | 극도로, 최대한 |

▶ We helped him *to the utmost*. 우리는 최대한 그를 도왔다.

참고 **to the utmost of my power** 내 힘이 닿는 한

1290 **under construction**　　건설중인

▶ The bridge was *under construction.*
　그 다리는 건설 중이었다.

[주의]　이때 전치사 **under**는 어떤 진행의 상태를 나타내고 있다.
　under discussion　　토론 중인
　under repair　　　보수 중인
　The road is now *under repair.* 그 길은 지금 보수 중이다.

1291 **with ease**　　　　쉽게

〈동의어〉 easily 〈반의어〉 with difficulty

▶ He won the race *with ease.*
　그는 쉽게 그 경주에서 이겼다.

[주의]　**at ease**는 '편하게, 마음 편히'라는 뜻이다.

참고　　**with care**　신중히
　with confidence　자신있게
　with distinction　훌륭하게

1292 **within a stone's throw of**　　…의 지척에 있는

▶ He lived *within a stone's throw of* my house.
　그는 내 집에서 아주 가까이에 살았다.

NOTE ● 우리 속담에서 '엎드리면 코 닿을 데'에 해당하는 표현이다.

1293 **without a break**　　쉴 사이없이

▶ He is at work *without a break.* 그는 쉬지 않고 일한다.

참고　　**a coffee break** 커피마시며 쉬는 시간

1294 **without fail**　　　반드시, 틀림없이

▶ Please come *without fail.*

= Never fail to come.
= Be sure to come. 꼭 와주십시요.

참고 **can not fail to do** …하지 않을 리 없다
If you study hard, you *cannot fail to* succeed.
열심히 공부하면 성공하지 못할 리 없다

✱ 관사로 인해 의미가 변하는 숙어들이 있다.

우리에게 가장 익숙한 예를 들어보자. out of question은 '틀림없이'란 의미이고, out of the question은 '논외의'라는 뜻으로 의미가 확연히 구분되고 있다. 이처럼 관사가 쓰이느냐 않느냐에 따라서 숙어는 의미가 분명히 변한다.

이처럼 정관사 the와 부정관사 a/an의 유무에 따라서 의미가 변하는 대표적인 숙어들을 몇가지 살펴보자.

- We took part in the meeting. 우리는 모임에 참석했다
- He will take the part of Hamlet in the play.
  그는 그 연극에서 헴릿 역을 맡을 것이다

- Do you have time? 시간이 있으십니까?
- Do you have the time? 지금 몇 시 입니까?

- What he said is, in a way, reasonable.
  어떤 점에서 그가 말한 것은 합리적이다
- I can't cross the bridge, because the dog is in the way.
  개가 길을 막고 있어 나는 다리를 건널 수 없다

- Ring the bell in case of fire.
  불이 나면 벨을 울려라
- In the case of children, this medicine may be harmful.
  어린아이의 경우엔 이 약이 해로울 수 있습니다.

10

여러가지 뜻을 나타내는 숙어

| 1295 | **address oneself to** | 1) …에게 말을 걸다
2) …에 본격적으로 착수하다 |

▶ 1) One of the students *addressed himself to* me.
학생들 중 하나가 나에게 말을 걸었다.
▶ 2) He *addressed himself to* his homework.
그는 숙제를 시작했다.

NOTE ● **address A as B** A를 B라고 부르다
Please *address* me *as* Mrs., not Miss.
저를 미스가 아니라 미시즈로 불러주십시오.

| 1296 | **associate with** | 1) (자동사로) …와 교제하다
2) (타동사로) …을 연상하다 |

〈동의어〉 1) keep company with

▶ 1) Don't *associate with* that dishonest fellow.
저 부정직한 자식과는 사귀지 마라.
▶ 2) We usually *associate* Egypt *with* the pyramid.
우리는 대개 이집트하면 피라미드를 연상한다.

NOTE ● **associate oneself with**=**be associated with** …와 협동하다
He *associated himself with* us
= He *was associated with* us. 그는 우리와 협동하였다.

| 1297 | **at all** | 1) (부정문에서) 전혀 …(아니다)
2) (조건문에서) 일단 …이면, 적어도
3) (의문문에서) 도대체 |

▶ 1) I don't know him *at all*. 나는 그를 전혀 모른다.
▶ 2) If you do it *at all*, do it better.
일단 그것을 하게 되면 잘 하도록해라.
▶ 3) Do you know him *at all*? 도대체 너는 그를 알기나 하니?

[주의] 문장의 형태에 따라 의미가 달라지는 것에 주의할 것.

| 1298 | **at home** | 1) 집에 있는 2) 편안히 3) 정통한 |

▶ 1) He is *at home* now. 그는 지금 집에 있다.
▶ 2) Make yourself *at home*. 편안히 있으십시요.
▶ 3) He is *at home* in law. 그는 법에 정통하다.

[주의]　house와 home을 구분하자. house는 '거주할 수 있는 건물'을
의미하고 home은 '개인 살고 있는 가정이라는 울타리'를 의
미한다.

1299　**at large**　　　　1) 일반적으로
　　　　　　　　　　　　　2) (범인이) 잡히지 않은

▶ 1) Baseball is very popular with the nation *at large*.
　　대체로 야구는 국민 전체에게 대단히 인기가 있다.
▶ 2) The thief is still *at large*. 범인은 아직 잡히지 않고 있다.

[주의]　in large는 '대규모로'란 뜻이다. 그 반대어는 'in little'

1300　**at length**　　　1) 드디어 2) 자세히

〈동의어〉1) at last, 2) in detail

▶ 1) *At length* people came to understand the theory.
　　드디어 사람들이 그 이론을 이해하게 되었다.
▶ 2) The author explained the theory *at length*.
　　작가는 그 이론을 자세히 설명했다.

NOTE ● **at full length** 아주 자세히

1301　**at stake**　　　1) 위태로운 2) 문제가 되어

▶ 1) My life itself is *at stake*. 내 목숨까지 위태롭다.
▶ 2) My honor is *at stake*, so I can't let this matter
　　rest. 내 명예가 걸린 문제이어서 이 문제를 내버려둘 수 없다.

NOTE ● 이때 stake는 '이해관계'란 뜻을 가지고 있음을 안다면 숙어
의 뜻은 쉽게 이해된다.

1302　**be alive with**　　　1) …으로 활기차다
　　　　　　　　　　　　　　　2) …이 떼지어 있다

▶ 1) The park *is alive with* young people.
공원은 젊은이들로 활기에 차 있다.
▶ 2) The flowers *are alive with* bees.
꽃들에 벌들이 떼지어 있다.

[주의]　**alive**[əláiv] 발음에 주의할 것.

1303　be associated with
　　1) …과 연합하다
　　2) …와 교제하다

▶ 1) He *is associated with* his son in law practice.
그는 아들과 함께 공동으로 변호사 개업을 하고 있다.
▶ 2) I *was associated with* him. 나는 그와 동료지간이다.

1304　be due to
　　1) …때문이다
　　2) 당연히 …에게 돌려지다
　　3) (＋ to 부정사) …할 예정이다

▶ 1) The accident *was due to* his carelessness.
사고는 그의 부주의 탓이다.
▶ 2) The first prize *is due to* you.
일등상은 당연히 네 몫이다.
▶ 3) They *are due to* arrive here soon.
그들은 곧 여기에 도착할 예정이다.

[주의]　〈**due to**〉는 '…때문에'라는 뜻으로 〈**because of**〉와 같은 전치
사구로 쓰인다.
Due to the heavy snow, the train was late.
폭설로 기차가 지연되었다.

1305　be obliged to
　　1) (＋ to 부정사) 어쩔 수 없이 …하다
　　2) (＋ 사람) …에 감사하다

▶ 1) He *was obliged to* give up the plan.
＝He was forced to give up the plan.
＝He was compelled to give up the plan.
그는 계획을 어쩔 수 없이 포기해야만 했다.

▶ 2) I am much *obliged to* you.
= I am much grateful to you.
당신에게 무척이나 감사합니다.

참고　**oblige** + **사람** + **to do** : 사람에게 …하도록 강요하다
The law *obliges* us *to* pay taxes.
법에 따라 우리는 세금을 내야만 한다.

1306 be ready to
1) …할 준비가 되다
2) 기꺼이 … 하다

▶ 1) I *am ready to* go. 나는 갈 준비가 되어 있다.
▶ 2) We *are ready to* forgive him.
우리는 기꺼이 그를 용서한다.

참고　**be ready for** + **명사** : …할 용의가 있다. 준비가 되다
I *am ready for* the trip.
나는 여행을 떠날 준비가 되어있다.

1307 break in on/upon
1) …을 방해하다
2) 문득 떠오르다

▶ 1) The hooting of an owl *broke in upon* the quiet of the place.
올빼미의 울음소리가 그 장소의 고요함을 깨뜨렸다.
▶ 2) A new idea *broke in upon* my mind.
새로운 생각이 문득 떠올랐다.

참고　**hoot** : 올빼미가 우는 소리

1308 break up
1) 분쇄하다 2) 해산하다
3) (학교가) 방학하다 4) 난처하게 만들다

▶ 1) He *broke up* the box for firewood.
그는 상자를 부숴 땔감으로 썼다.
▶ 2) The meeting *broke up* at six.
그 회합은 6시에 해산했다.
▶ 3) When does school *break up*? 학교는 언제 방학하느냐?

▶ 4) He was *broken up* by the news.
그는 그 소식에 당황했다.

 I *divided* the cake *into* four parts.
나는 그 케익을 4조각으로 나누었다.

1309　bring forth　1) …을 낳다 2) …을 제출하다

〈동의어〉 2) submit

▶ 1) Certainly it will *bring forth* good results.
확실히 그것은 좋은 결과를 가져올 것이다.
▶ 2) I *brought forth* a proposal for reducing costs.
나는 비용을 줄이기 위한 제안을 제출했다.

 bring up : 양육하다(＝raise)

1310　bring in　1) …을 가져오다
2) (이자, 수익 등을) 생기게 하다

▶ 1) Will you *bring in* the bag from the car?
차에서 가방을 가져오겠습니까?
▶ 2) The investment *brought in* 9 per cent interest.
그 투자는 9%의 이자를 낳았다.

1311　bring out　1) …을 내놓다 2) …을 출판하다

〈동의어〉 2) publish

▶ 1) He *brought out* a new product before us.
그는 우리 앞에 새로운 제품을 내놓았다.
▶ 2) When will you *bring out* the book?
너는 언제 그 책을 출판할 예정이니?

 come out ＝ be published

1312　by birth　1) 태생은 2) 타고난

▶ 1) He is an Englishman *by birty*. 그는 태생이 영국인이다.
▶ 2) He was a musician *by birth*. 그는 타고난 음악가였다.

참고   **by name** 이름은, *by profession* 직업은

1313   **by way of**   1) …을 경유하여 2) …으로서

▶ 1) He went to Europe *by way of* America.
그는 미국을 경유하여 유럽으로 갔다.
▶ 2) He remarked this *by way of* introduction.
그는 이것으로 머릿말을 대신했다.

1314   **call back**   1) 상기시키다 2) 취소하다
                              3) 전화를 다시 걸다

▶ 1) This picture *calls back* my college days.
이 그림은 내 학창시절을 상기시킨다.
▶ 2) He *called back* his previous words.
그는 전에 했던 말을 취소했다.
▶ 3) *Call* me *back* in a few days. 며칠 후에 다시 전화해라.

참고   **call up** 상기시키다, 전화로 불러내다
The tomb *called up* my sorrows afresh.
그 무덤은 내 슬픔을 다시 살아나게 했다.
Call me *up* anytime you like.
네가 편한 시간에 언제든지 전화해라.

1315   **call for**   1) …을 청하다 2) …을 요구하다
                              3) …를 데리러 가다

▶ 1) He *called for* a cup of tea. 그는 차 한잔을 청했다.
▶ 2) The work *calls for* great patience.
이 일은 엄청난 인내를 필요로 한다.
▶ 3) I'll *call for* you at around seven.
7시 경에 너를 데리러 가겠다.

NOTE ● 4형식 구문의 동사 **call**
Call me a taxi. = Call a taxi for me. 택시를 불러주세요

1316   **clear off**   1) (식탁 등을) 치우다
                              2) (안개 등이) 걷히다

▶ 1) She *cleared off* the things after supper.
그녀는 저녁 식사 후 그것들을 깨끗이 치웠다.
▶ 2) The fog *cleared off.* 안개가 걷혔다.

NOTE ● 타동사적으로 쓰인 첫번째 뜻은 단순히 **clear** 〈…을 치우다〉
를 사용해도 된다.

1317 clear up
1) …을 해결하다
2) (날씨가) 개다, 좋아지다

〈동의어〉 1) solve

▶ 1) He *cleared up* all the problems soon.
그는 곧 모든 문제들을 해결했다.
▶ 2) It is *clearing up.* 날씨가 좋아지고 있다.

1318 close in
1) …을 에워싸다
2) (적, 어둠 등이) 다가오다

▶ 1) The enemy *closed* us *in.* 적이 우리를 포위했다.
▶ 2) Night *closed in* on the scene. 무대 위로 밤이 몰려왔다.

[주의] 두번째 의미로는 주로 〈**close in on/upon** …로 다가오다〉의
형식으로 쓰인다.

1319 come around/round　　1) 돌아오다 2) 회복하다

▶ 1) A leap year *comes around* every four years.
윤년은 매 4년마다 돌아온다.
▶ 2) He has had a serious illness, but is *coming round*
again. 그는 심각한 병에 걸렸지만 다시 회복되고 있다.

[참고]　**a leap day** 윤일(2월 29일)
a common year 평년

1320 come from　　1) …출신이다 2) …에서 나오다

▶ 1) Where do you *come from*? 어디 출신이냐?
▶ 2) Nothing *comes from* nothing.

NOTE ● **from** 대신에 **of**가 쓰이는 경우가 있다.

1321　come in　　1) (방에) 들어가다 2)(수입으로) 들어오다
3) (계절이) 시작되다 4) 유행하다

▶ 1) *Come in* my room. 내 방으로 들어오너라.
▶ 2) The family has five hundred dollars *coming in* monthly. 그 가족의 월 수입은 500 달라이다.
▶ 3) When do oysters *come in*? 굴은 언제 나오기 시작하느냐?
▶ 4) Short skirts first *came in* after World War I. 짧은 치마는 1차 대전 이후부터 유행했다.

1322　come off　　1) (행사 등이) 행해지다
2) 결국 …이 되다

▶ 1) When did the exhibition *come off*? 전시회는 언제 열리느냐?
▶ 2) His speech *came off* well. 그의 연설은 성공적이었다.

[주의]　두번째 뜻에서는 언제나 보어를 수반한다.
He *came off* a victor. 그는 승리자가 되었다.

1323　come on　　1) 야, 이봐
2)(계절 등이) 다가오다

▶ 1) *Come on*! Have another drink. 자, 다른 것을 마시자.
▶ 2) Night *came on*. 밤이 다가왔다.

NOTE ● (비 따위가) 내리기 시작하다는 뜻도 있다.
It *came on to* rain. 비가 내리기 시작했다.

1324　come to　　1) …하게 되다 2) 합이 …이다
3) 의식을 회복하다

▶ 1) How did you *come to* know her? 어떻게 그녀를 알게 되었느냐?

▶ 2) It *comes to* 10 dollars. 합계 10 달라이다.
▶ 3) She fainted, but *came to* after a few minutes.
그녀는 기절했지만 몇 분후 의식을 회복했다.

[주의] 처음 뜻에서 **become to do**를 사용하지 않도록 한다. **become**
은 불완전 자동사로 **to** 부정사를 보어로 취하지 못한다.

1325 **come up** 1) …을 올라가다 2) 다가오다
3) 싹이 트다

▶ 1) Please tell him to *come up*.
그에게 올라오라고 말해주십시요.
▶ 2) A pretty girl *came up* to me.
한 예쁜 소녀가 내게 다가왔다.
▶ 3) Plants *came up*. 식물에 싹이 텄다.

1326 **come up to** 1) …에 도달하다 2) …에 필적하다

▶ 1) The water *came up to* the floor.
물이 마루까지 올라왔다.
▶ 2) My house does not *come up to* yours.
내 집은 네 집과 비교가 안된다.

참고 **come up with = catch up with** …을 따라 잡다

1327 **compete with** 1) …과 경쟁하다 2) …에 필적하다

▶ 1) He *competed with* others for the prize.
그는 상을 두고 다른 사람들과 경쟁했다.
▶ 2) No one could *compete with* him in English.
아무도 영어에서는 그를 따라올 수 없었다.

NOTE ● **compete with (one) for** … '…을 두고 누구와 경쟁하다'
compete with (one) in … '누구와 …에서 경쟁하다'
compete with (one) in+동명사 '누구와 경쟁으로 …하다'

1328 **contribute to** … 1) …에 공헌하다 2) …에 투고하다

▶ 1) He *contributed* greatly *to* the progress of science.
그는 과학 발전에 지대한 공헌을 했다.

▶ 2) He often *contributes to* the magazine.
그는 가끔 잡지에 투고를 한다.

[주의]　타동사로 쓰여, He *contributed* 10,000 books *to* the library. 그는 만 권의 책을 도서관에 기증했다.

1329　**convince … of —**　　1) …에 —을 확신시키다
　　　　　　　　　　　　　　　2) …에 —을 깨닫게 하다

▶ 1) I *convinced* her *of* his sincerity.
나는 그녀에게 그의 성실함을 확신시켰다.

▶ 2) I *convined* him *of* his error.
나는 그에게 그의 잘못을 깨닫게 해주었다.

NOTE ● He *convinced*(=persuaded) me *to* work harder.
그는 나를 설득하여 더 열심히 공부하게 했다.

1330　**cope with**　　　　1)…에 대처하다 2)…에 대항하다

▶ 1) It is hard to *cope with* the present labor situation.
현재의 노동상황을 대처하기란 어렵다.

▶ 2) No power can *cope with* America in aerial strength.
공군력에서 미국에 대항할 나라는 없다.

[주의]　전치사 **with**를 반드시 사용해야 하며, 의미에 맞춘다고 **to**를 사용하지 않도록 할 것.

1331　**dwell on/upon**　　1) …을 자세히 설명하다
　　　　　　　　　　　　　　2)…을 곰곰히 생각하다

▶ 1) The Prime Minister *dwelt upon* the financial crisis.
수상은 재정 위기를 자세히 설명했다.

▶ 2) He *dwells* too much *upon* his past failures.
그는 과거의 실패를 지나치게 깊이 생각한다.

참고　**dwell in** …에 살다, 거주하다

1332 **ever so**　　　　　　1) 대단히 2) …일지라도

▶ 1) Thank you *ever so* much. 대단히 감사합니다.
▶ 2) Be it *ever so* humble, home is home.
　　아무리 누추하다 할지라도 집이 최고다.

NOTE ● 첫번째 뜻은 부사의 역할을 하면서 다른 부사나 형용사를 수
　　식할 때 사용된다.
　　She is *ever so* beautiful. 그 여자는 대단히 아름답다.

1333 **fall away**　　　　　1) 떨어져 나가다, 변절하다
　　　　　　　　　　　　　2) 쇠퇴하다, 줄다

▶ 1) My supporters began to *fall away* one by one.
　　내 지지자들이 하나씩 떨어져 나가기 시작했다.
▶ 2) Business usually *falls away* during the summer.
　　대개 여름에는 사업이 불경기를 맞는다.

NOTE ● **during**은 〈어떤 일이 언제 일어났는가〉를, **for**는 〈얼마나 오
　　랫동안 지속되었는가〉를 중시한다. 따라서 **for** 다음엔 주로
　　수사적 표현이 온다.
　　My father was in hospital *during* the summer.
　　나의 아버지는 여름동안 병원에 있었다.
　　My father was in hospital *for* six weeks.
　　나의 아버지는 6주간 병원에 있었다.

1334 **fall in with**　　　1) …와 우연히 만나다 2) …에 동의하다

〈동의어〉 1) meet by chance

▶ 1) I *fell in with* your father this morning.
　　나는 오늘 아침 우연히 네 아버지를 만났다.
▶ 2) I *fell in with* his view on this problem.
　　나는 이 문제에 대한 그의 관점에 동의했다.

1335 **fall on**　　　　　　1) …을 공격하다
　　　　　　　　　　　　　2) (축제일 등이) 바로 …날이다

▶ 1) A bear *fell on* the horse. 곰이 말을 공격했다.
▶ 2) Next year my birthday will *fall on* a Sunday.
　내년에 내 생일은 일요일 될 것이다.

NOTE ● **fall to …ing** …하기 시작하다.
　I *fell to* eat*ing*. 나는 먹기 시작했다.

| 1336 | **fill in** | 1) …을 메우다 |
| | | 2) (필요 사항을) 써 넣다 |

▶ 1) They *filled in* the moat. 그들은 외호를 메웠다.
▶ 2) *Fill in* the application form.
　신청서에 필요사항을 써넣어라.

NOTE ● 동사 **fill**의 어법을 알아두자.
　I *filled* the glass *with* water. 나는 잔에 물을 채웠다.
　The glass *is filled with* water. 잔은 물로 가득하다.
　Fill me a glass of water = Fill a glass of water for me.
　나에게 물 한 잔을 가득 채워나오.

1337	**gain upon/on**	1) …을 따라잡다
		2) …의 환심을 사다
		3) …을 능가하다

▶ 1) The policeman was *gaining on* the pickpocket.
　경찰이 소매치기를 따라잡고 있었다.
▶ 2) He will do anything to *gain on* his boss.
　그는 상관의 환심을 사기 위해 온갖 짓을 다할 것이다.
▶ 3) He *gained on* his competitor.
　그는 경쟁자를 떼어놓았다.

참고 **gain in** + **명사** …에서 향상되다
　She has *gained in* weight. 그녀는 체중이 늘었다.

| 1338 | **get about** | 1) 돌아다니다 2) (소식 등이) 퍼지다 |

▶ 1) A car would make it easier for me to *get about*.
　차가 있으면 돌아다기기가 더 쉬울텐데.

274

▶ 2) The news of the defeat soon *got about*.
패전 소식은 곧 퍼져나갔다.

NOTE ● 첫째 예문에서 **it**은 가목적어이다.
　　　　make의 진짜 목적어는 〈for me to get about〉가 된다.

1339 **get at**　　　　　　　1) …에 손이 닿다, 도달하다
　　　　　　　　　　　　　2) …을 이해하다

〈동의어〉 1) reach, 2) understand

▶ 1) Can you *get at* the shelf? 선반에 손이 닿느냐?
▶ 2) I can not *get at* his meaning.
　　　나는 그의 의도를 이해할 수 없다.

1340 **get down**　　　　　1) 내리다 2) 삼키다

▶ 1) He *got down* from the plane at Kimpo.
　　　그는 김포공항에서 내렸다.
▶ 2) The child *got down* a cherry stone.
　　　그 아이는 버찌 씨를 삼켰다.

참고　　**get down to** …을 시작하다
　　　　It's time you *got down to* some serious study.
　　　　이제 좀 진지하게 공부를 시작할 때이다.

[주의]　**It's (high) time** …에서 …에는 동사의 과거형이 쓰이면서
　　　　현재의 의미를 나타낸다.

1341 **get off**　　　　　　1) …에서 내리다 2) 출발하다

▶ 1) We *got off* the bus. 우리는 버스에서 내렸다.
▶ 2) We *got off* early in the morning.
　　　우리는 아침 일찍 출발했다.

NOTE ● **get off**는 보통 **bus** 등의 대형 교통수단에서 내리는 것이며,
　　　　소형의 교통기관에 대해서는 **get out of**를 쓴다.

1342 **get on**　　　　　　 1) …에 타다 2) 진척시키다

> 1) Where do you *get on* the bus?
> 너는 어디에서 버스를 타느냐?
> 2) He is not *getting on* with his studies.
> 그는 연구에서 진척을 보지 못하고 있다.

NOTE ● 보통 덩치가 큰 교통기구의 경우에는 **get on**을 쓰지만, 몸을 굽히고 올라타야 하는 승용차의 경우에는 **get in/into**를 쓴다.

1343 get to　　1) …에 도착하다 2) …에 착수하다
　　　　　　　　3) …이 되다

〈동의어〉 3) come to

> 1) I *got to* the airport. 나는 공항에 도착했다.
> 2) *Get to* work at once. 즉시 일을 시작해라.
> 3) How did you *get to* know him?
> 어떻게 그를 알게 되었느냐?

1344 give away　　1) 넘겨주다, 거저 주다
　　　　　　　　　2) (비밀을) 폭로하다

〈동의어〉 2) reveal

> 1) He *gave away* lots of books to the poor.
> 그는 가난한 사람들에게 많은 책을 기부했다.
> 2) He has *given away* the secret. 그는 비밀을 폭로했다.

[참고]　**the＋형용사** → 복수명사

1345 give in　　1) 굴복하다 2) …을 제출하다

> 1) They *gave in* to his demand.
> 그들은 그의 요구에 굴복했다.
> 2) *Give in* your papers, please. 답안지를 내십시요.

NOTE ● **give in to** = **yield to** …에 양보하다, 굴복하다

1346 give out　　1) 나누어주다 2) 발산하다
　　　　　　　　3) 발표하다 4) 떨어지다, 다 되다

▶ 1) The teacher started *giving out* the examination pa-
pers. 선생님은 시험지를 나누어주기 시작했다.
▶ 2) These flowers *give out* a sweet smell.
이 꽃들은 향기로운 냄새를 발산한다.
▶ 3) The secret was *given out* after his death.
그 비밀은 그가 죽은 후에 공표되었다.
▶ 4) The food supplies *gave out* at last.
식량이 마침내 바닥나고 말았다.

1347 give over　　　1) 넘겨주다 2) 그만두다, 끝내다
　　　　　　　　　　　3) 몰두하게 하다

▶ 1) *Give* it *over* to me. 그것을 내게 넘겨주라.
▶ 2) I have *given over* a habit of smoking.
= I have given over smoking. 나는 담배를 끊었다.
▶ 3) She *gave* herself *over* to grief. 그녀는 슬픔에 빠졌다.

NOTE ● 세번째 뜻은 보통 수동태 구문으로 쓰인다.
The rest of the day *was given over* to sports.
그날은 그 이후 운동을 하면서 보냈다.

1348 go by　　　1) (시간이) 경과하다
　　　　　　　　　2) (let … go by의 형태로) …을 놓치다
　　　　　　　　　3) …을 표준으로 삼다

▶ 1) Years have *gone by.* 여러 해가 지나갔다.
▶ 2) You shouldn't let this chance *go by.*
이 기회를 놓쳐서는 안된다.
▶ 3) You had better *go by* what the doctor says.
너는 의사가 하는 말을 표준으로 삼는 것이 좋다.

1349 go down　　　1) 내려가다 2) (후세에) 전해지다

▶ 1) I *went down* a short hill. 나는 낮은 언덕을 내려갔다.
▶ 2) His name will *go down* in history.
그의 이름은 역사에 전해질 것이다.

참고　**go down with** …에게 받아들여지다

The play *went down* very well *with* audience.
그 연극은 관객들에게 인기를 끌었다.

1350 **go far** 1) 크게 효과가 있다 2) 성공하다

〈동의어〉 2) succeed

▶ 1) This *goes far* towards making babies strong.
이것은 아기를 건강하게 만드는데 큰 효과가 있다.
▶ 2) He will *go far* as he is clever.
그는 현명하기 때문에 성공할 것이다.

참고 **go too far** 너무 지나치다
He has always been rather selfish but this time he's *gone too far*. 그는 항상 좀 이기적이었지만 이번에 너무 지나쳤다.

1351 **go for** 1) …을 부르러 가다
2) …에 도움이 되다

▶ 1) *Go for* the doctor now. 지금 의사를 부르러가기라.
▶ 2) All my efforts *went for* nothing.
내 노력은 아무런 도움도 되지 못했다.

참고 **go in for** (시험을) 치르다, 입후보하다
Are you *going in for* the Civil Service Examination?
너는 공무원 시험을 치를 것이냐?

1352 **go into** 1) …로 통해 있다 2) …을 조사하다
3) …에 종사하다

▶ 1) The door *goes into* the garden.
이 문은 정원으로 통해 있다.
▶ 2) He *went* deeply *into* the question.
그는 이 문제를 깊이 연구했다.
▶ 3) He *went into* business when he was young.
그는 젊었을 때 사업을 했었다.

참고 **go into effect** (법 등이) 발효되다

278

1353 **go off**   1) 달아나다 2) 폭발하다, 발사되다
3) 되어가다

▶ 1) He *went off* with the money.
그는 그 돈을 가지고 달아났다.
▶ 2) The gun *went* off. 총이 발사되었다.
▶ 3) The interview *went off* well. 인터뷰는 잘 진행되었다.

1354 **go on**   1) 계속 …하다
2) (시간이) 경과하다

▶ 1) He *went on* speaking. 그는 계속해서 말했다.
▶ 2) As time *went on,* they gave up their old customs.
시간이 지나면서 그들의 오랜 관습을 포기했다.

NOTE ● **go on with** + **명사** '(잠시 중단 후)…을 계속하다'
Go on with your work. 일을 계속해라.

[주의]   **go on**은 중단없이 계속하는 의미이다.

1355 **go out**   1) 외출하다 2) (불이) 꺼지다

▶ 1) She *went out*, with no more words.
더이상 말도 없이 그녀는 나가버렸다.
▶ 2) The fire *went out*. 불이 꺼졌다.

1356 **go over**   1) …을 면밀히 조사하다
2) 훑어보다

▶ 1) We *went over* the new plan.
우리는 새 계획을 면밀히 검토했다.
▶ 2) He usually *goes over* the newspaper in the morn-
ing. 그는 대개 아침에 신문을 훑어본다.

[참고]   **go over to** … (종교,주의 등을) …로 바꾸다
He *went over to* Catholic. 그는 카톨릭으로 개종했다.

1357	**go together**	1) 공존하다 2) 동행하다 3) 어울리다

〈동의어〉 3) match

▶ 1) Time and money do not always *go together*.
시간과 돈이 항상 붙어다는 것은 아니다.
▶ 2) Jim and I *went together* to the theater.
짐과 나는 함께 극장에 갔다.
▶ 3) This tie and that jacket do not *go together*.
이 넥타이와 저 자켓은 잘 어울리지 않는다.

[주의] **go together**는 자동사적 의미로 쓰인다. 한편 *match* (어울리다)는 자동사, 타동사 모두로 쓰일 수 있다.

1358	**go up**	1) (물가가) 오르다 2) 상경하다 3) (산에) 오르다

▶ 1) Prices are *going up* rapidly.
물가가 급속도로 오르고 있다.
▶ 2) I am *going up* to Seoul tomorrow.
나는 내일 서울로 올라갈 예정이다.
▶ 3) We *went up* the hill. 우리는 그 언덕에 올랐다.

참고 **go up**에는 〈타오르다〉는 의미도 있다.
The house *went up* in flames.
그 집은 불길에 싸여 타올랐다.

1359	**go with**	1) …에 따르다 2) …와 어울리다 3) …에 딸리다, 부속되다

〈동의어〉 1) accompany, 2) match

▶ 1) He could not *go with* the times.
그는 시대의 흐름에 따를 수 없었다.
▶ 2) Her new hat will not *go with* her dress.
그녀의 새 모자는 그녀의 옷에 어울리지 않는다.

▶ 3) This land *goes with* that house.
이 땅은 저 집에 딸린 것이다.

1360 **go without**　　1) …없이 지내다
　　　　　　　　　　　　2) …을 가지고 있지 않다

〈동의어〉 1) do without

▶ 1) Man can not *go without* water.
= Water is indispensable to man.
인간은 물없이 지낼 수 없다.
▶ 2) He sometimes *goes without* a watch.
그는 때때로 시계를 차고 다니지 않는다.

1361 **hold good**　　1) 유효하다 2) …에 적용된다

〈동의어〉 stand good

▶ 1) The ticket *holds good* for three days.
이 표는 3일간 유효하다.
▶ 2) The argument *holds good* also in this case.
그 논의는 이번 경우에도 적용된다.

[주의]　이때 **good**은 형용사로 보어역할을 하고 있다.

1362 **hold with**　　1) …에 찬성하다 2) …을 인정하다

▶ 1) He *held with* me on the matter.
그는 그 문제에 대해 내게 찬성했다.
▶ 2) He does not *hold with* the new method.
그는 새 방법을 인정하지 않는다.

1363 **in terms of**　　1) …라는 (특유의) 말로
　　　　　　　　　　　　2) …의 관점에서

▶ 1) He spoke of you *in terms of* high praise.
그는 최대의 찬사로 너에 대해 이야기했다.
▶ 2) He thinks of everything only *in terms of* money.
그는 금전적인 관점에서만 모든 것을 생각한다.

NOTE ● **term**은 '말'과 관계되는 뜻을 가질 때는 항상 복수형태를 유지한다.
in terms 명확히
in general terms 일반적인 말로

1364 keep in　　　　　　1) (감정을) 억제하다 2) 가두다

▶ 1) He tried to *keep* his anger *in.*
　그는 노여움을 삭히려고 애썼다.
▶ 2) The rain *kept* us *in* for several hours.
　비는 우리를 몇 시간 동안 가두어 두었다.

참고　**keep in with** '…와 사이좋게 지내다'

1365 keep to　　　　　　1) 고집하다 2) …을 고수하다

▶ 1) You must *keep to* the rules of the game.
　게임의 법칙을 지켜야만 한다.
▶ 2) *Keep to* the right. 우측통행을 하시오.

참고　**keep on** … : 계속해서 …하다
Keep straight *on* till you see a tall building.
큰 건물을 볼 때까지 똑바로 가시오.

1366 lay down　　　　　　1) 내려놓다 2) (계획을) 세우다

▶ 1) Will you *lay down* the baby gently on the bed?
　아기를 침대 위에 천천히 내려놓으시겠습니까?
▶ 2) We *laid down* our plan in advance.
　우리는 미리 계획을 세웠다.

참고　**lay out** : 설계하다, 진열하다
The Egyptians knew a method still used to *lay out* a
playing field. 이집트인들은 경기장을 설계하는데 아직도 사용되는
방법을 알고 있었다.

1367 lay on　　　　　　1) 칠하다
　　　　　　　　　　　　2) (가스 등을) 끌어들이다

▶ 1) The painter *laid on* paint as thin as possible.
페인트공은 가능한한 엷게 페인트를 칠했다.

▶ 2) They have not yet *laid on* gas or water.
그들은 아직 가스나 수도를 끌어들이지 않았다.

NOTE ● **be laid up with** …로 몸져 눕다
He has *been laid up with* the flu.
그는 감기로 몸져 누워있다.

1368 let down　　1) 내리다, 낮추다 2) 실망시키다
　　3) 힘을 빼다

〈동의어〉 2) disappoint

▶ 1) *Let down* the blinds, will you?
차양을 내려주시겠습니까?

▶ 2) Promise me not to *let* me *down*.
나를 실망시키지 않겠다고 약속해라.

▶ 3) We can't *let down* in our efforts.
노력의 템포를 늦출 수는 없다.

1369 live up to　　1) …에 맞추어 살다
　　2) …에 따라 행동하다

▶ 1) He *lives up to* his income. 그는 수입에 맞추어 산다.

▶ 2) He *lived up to* the principles of Christianity.
그는 기독교 교리에 따라 행동했다.

[참고]　**live in a small way** 검소하게 살다

1370 load A with B　　1) A에 B를 싣다
　　2) A에게 B를 잔뜩 주다

▶ 1) They *loaded* a ship *with* coal. 배에 석탄을 실었다.

▶ 2) They *loaded* her *with* gifts.
그들은 그녀에게 선물을 잔뜩 주었다.

[주의]　두번째 뜻으로 쓰일 경우 동사 **load**의 직접목적어는 거의 '사람'이다.

1371 **look in**　　　　　　1) 엿보다 2) 잠깐 들리다

▶ 1) The little boy *looked in* at the door.
그 꼬마는 문에서 슬쩍 엿보았다.
▶ 2) Won't you *look in* next time you are in Seoul.
다음번 서울에 올 때 잠깐 들러주시겠습니까?

[주의]　두번째 뜻에서 들리는 대상을 표현하고자 할 때에는 전치사 **on**이 쓰인다. Please *look in on* us if you come this way. 이 쪽으로 오실 일이 있으면 잠깐 우리에게 들러 주십시요.

1372 **look on**　　　1) …을 관찰하다, …로 향해 있다
　　　　　　　　2) (look on A as B의 형태로) A를 B로 여기다

▶ 1) He always *looks on* the bright side of things.
그는 항상 사물의 밝은 면을 본다.
▶ 2) He *looks on* me *as* a benefactor.
그는 나를 은인으로 여긴다.

[참고]　**onlooker** 구경꾼

1373 **look over**　　　1) …을 대충 훑어보다
　　　　　　　　　2) 눈감아주다

▶ 1) The teacher is *looking over* examination papers.
선생님은 시험 답안지를 훑어보고 계신다.
▶ 2) I *looked over* her fault.
나는 그녀의 잘못을 눈감아 주었다.

[참고]　**look over one's shoulders at** '어깨 너머로 …을 보다'

1374 **look to**　　　　1) …쪽을 보다 2) …에 주의하다
　　　　　　　　　3) …에 의지하다, 기대하다

▶ 1) My house *looks to* the south. 내 집은 남향이다.
▶ 2) You must *look to* the traffic signals.
교통신호에 주의해야만 한다.

▶ 3) He *looks to* you for help. 그는 네 도움을 기대하고 있다.

1375 look up　　　　　1) …을 올려보다
　　　　　　　　　　　2) …을 찾다, 조사하다
　　　　　　　　　　　3) …을 방문하다

▶ 1) She *looks up* at the stars. 그녀는 별들을 올려다 본다.
▶ 2) *Look up* the word in the dictionary.
　　　사전에서 이 단어를 찾아보아라.
▶ 3) *Look* me *up* once in a while. 가끔 나를 찾아오너라.

참고　**look up to**　　　　　…을 우러러보다 (=respect)
　　　look one up and down …를 위아래로 훑어보다

1376 make away with　　　1) …을 훔치다 2) 탕진하다
　　　　　　　　　　　　3) …을 죽이다

▶ 1) The boy *made away with* my ring.
　　　그 소년이 내 반지를 훔쳤다.
▶ 2) He *made away with* most of his wife's money.
　　　그는 아내의 돈 대부분을 써버렸다.
▶ 3) That is *making away with* yourself.
　　　그것은 네 자신을 죽이는 짓이다.

참고　**make away with oneself** 자살하다

1377 make for　　　　　　1) …을 향해 나아가다
　　　　　　　　　　　　2) …에 도움이 되다

▶ 1) They *made for* the land. 그들은 육지를 향해 나아갔다.
▶ 2) That will *make* nothing *for* your seccess.
　　　그것은 네 성공에 전혀 도움이 되지 못할 것이다.

NOTE ● Will you please *make* room *for* me?
　　　나에게 자리를 양보해주시겠습니까?
　　　이 예문은 **make**가 타동사로 쓰인 예이다.

1378 make one's way　　　1) 나아가다 2) 출세하다

▶ 1) I *made my way* through the crowd.
나는 군중을 헤치고 나아갔다.
▶ 2) He *made his way* in the world. 그는 출세했다.

1379 make up 　　1) …을 만들다 2) 화해하다
　　　　　　　　　　3) 화장(분장)하다

▶ 1) Cells *make up* our bodies. 세포가 우리 몸을 만든다.
▶ 2) After their quarrel, they *made up*.
말다툼 후에 그들은 화해했다.
▶ 3) She is heavily *made up*. 그녀는 짙은 화장을 하고 있다.

NOTE ● 두번째 뜻에서는 〈**make up with** …와 화해하다〉로 쓰일 수 있다.
Why don't you *make up with* her?
왜 그녀와 화해하지 않는거냐?

1380 mean … for − 　　1) …을 −로 만들 작정이다
　　　　　　　　　　　2) …을 −에게 줄 생각이다

▶ 1) She *means* her daughter *for* a pianist.
= She means her daughter to be a pianist.
그녀는 딸을 피아니스트로 만들 작정이다.
▶ 2) I *mean* this car *for* my son.
이 차를 내 아들에게 줄 생각이다.

[주의]　이 숙어는 주로 수동구문으로 쓰인다.
This present *is meant for* you. 이 선물은 너에게 주는 것이다
She *was meant for* an actress.
그녀는 여배우가 되도록 키워졌다.

1381 of one's own accord 　1) 자발적으로
　　　　　　　　　　　　　　　2) 저절로

〈동의어〉 1) voluntarily

▶ 1) I did it *of my own accord*.
나는 자발적으로 그것을 했다.

▶ 2) The door opened *of its own accord.*
그 문은 저절로 열렸다.

1382 **once (and) for all**　　　1) 이번만은 2) 단호하게

▶ 1) I'll give you some money *once for all.*
이번만은 네게 돈을 조금 주겠다.
▶ 2) Tell him so *once for all.* 그에게 단호히 그렇게 말해라.

참고　　**not once** 결코 …안하다(＝never)
He did*n't once* look our way.
그는 한번도 우리쪽을 쳐다보지 않았다.

1383 **on earth**　　　1) 도대체 2) 세상에서
　　　　　　　　　　　　　3) (부정문에서) 조금도, 전혀

▶ 1) What *on earth* are you going to tell us?
도대체 우리에게 무엇을 말하려는 것이냐?
▶ 2) I was the happiest man *on earth.*
나는 이 세상에서 제일 행복한 사람이다.
▶ 3) It is no use *on earth.* 이것은 도무지 쓸모가 없다.

[주의]　　첫번째 뜻은 언제나 의문사와 함께 쓰인다.
Where *on earth* have you been? 도대체 어디에 갔었니?

1384 **only too**　　　1) 더할 나위 없이 2) 유감이지만

▶ 1) I shall be *only too* glad to hear it.
그 말을 들으면 더할 나위없이 기쁠 것이다.
▶ 2) It is *only too* true. 그것은 유감이지만 사실이다.

[주의]　　첫번째 예문의 경우 〈**too** ＋ 형용사 ＋ **to** 동사원형〉의 구문
을 띠지만, 〈**too** － **to** 부정사〉식으로 해석하지 않도록 조심
해야 한다.

1385 **out of place**　　　1) 잘못 놓인 2) 부적절한

〈반의어〉 in place 1) 그 자리에 2) 적절한

▶ 1) The chairs are *out of place*. 의자들이 잘못 놓여 있다.
▶ 2) I feel *out of place* among merchants.
　　나는 상인들 사이에서 소외감을 느꼈다.

NOTE ● **among**은 대상을 별개의 것으로가 아니라 하나의 덩어리로 파악할 때 사용한다.

1386 pass over　　　　1) 지나가다, 끝나다
　　　　　　　　　　　　2) …을 못보고 넘어가다

▶ 1) The storm has *passed over*. 폭풍이 지나갔다.
▶ 2) He *passed over* details. 그는 세세한 것을 빠뜨렸다.

NOTE ● **pass as** …로 통하다(=pass for)
　　He *passed as* a writer. 그는 작가로 통했다

1387 pass through　　　　1) 뚫고 지나가다 2) 경험하다

▶ 1) The water *passes through* this pipe.
　　물이 이 파이프를 통해 지나간다.
▶ 2) He *passed through* many hardships.
　　그는 수많은 고난을 경험했다.

1388 pick up　　　　1) …을 줍다 2) 집어올리다
　　　　　　　　　　　3) 도중에 태우다, 차로 마중 나가다

▶ 1) I *picked up* a purse on the street.
　　길에서 지갑을 주웠다.
▶ 2) *Pick up* the toys on the floor.
　　마루에 있는 장난감들을 집어라.
▶ 3) I'll *pick* you *up* and get you to the station.
　　너를 태워서 역까지 데려다 주겠다.

NOTE ● **pick up**은 〈땅에서 집어올리다〉는 뜻이며, **pick**은 단지 〈무엇을 비틀어 따다〉는 뜻이다.

1389 put away　　　　1) 치우다 2) (…을 위해) 따로 떼어두다

〈동의어〉 put aside = set aside

▶ 1) *Put* these dishes *away*. 이 접시들을 치워라.
▶ 2) He *put away* money for trip.
그는 여행을 위해 돈을 저축했다.

NOTE ● We must *put aside* money for the future.
우리는 장래를 위해 돈을 저축해야 한다.

1390 **put down**　　　　　1) 내려놓다 2) …을 적어두다

▶ 1) *Put* your pencils *down*. 연필을 내려놓아라.
▶ 2) I'll *put down* your address before I forget it.
나는 잊기 전에 네 주소를 적어두겠다.

NOTE ● **put A down as B** A를 B로 보다
I *put* him *down as* a fool.
나는 그를 바보라 생각한다.
How old should you *put* him *down* at?
그의 나이를 몇 살이라고 생각하니?

1391 **put forth**　　　　　1) (싹을) 내밀다 2) 발휘하다

▶ 1) The trees *put forth* buds and leaves in spring.
나무는 봄이면 싹과 잎을 내민다.
▶ 2) He *put forth* every effort to pass the examination.
그는 시험에 합격하기 위해 모든 노력을 기울였다.

NOTE ● 이때 **forth**는 부사로 '앞으로, 밖으로'란 뜻을 갖는다.

1392 **put in**　　　　　1) (말 따위를) 끼어넣다
　　　　　2) 넣다, 삽입하다 3) 임명하다

▶ 1) He *put in* a word for his friend.
그는 친구를 위해 한마디 했다.
▶ 2) He *put* both his hands *in* his pockets.
그는 주머니에 양 손을 집어넣었다.
▶ 3) We *put* him *in* for the chair.
우리는 그를 의장으로 임명했다.

1393 put up　　　　　　1) 올리다 2) …을 게시하다
　　　　　　　　　　　3) (집 따위를) 짓다

▶ 1) *Put up* the flag right now. 즉시 기를 올려라.
▶ 2) We *put up* a notice on the bulletin board.
　　우리는 게시판에 통지문을 게시했다.
▶ 3) We *put up* a tent in the glade.
　　우리는 숲 사이에 천막을 쳤다.

1394 put upon/on　　　　1) …을 입다 2) …인 체 하다

▶ 1) He *put on* his coat quickly. 그는 코트를 재빨리 입었다.
▶ 2) He *puts on* an air of dignity. 그는 점잖은 체 한다.

NOTE ● **put A on B** ‘A를 B에게 돌리다’
Everyone *put* the responsibility *on* him.
모두가 책임을 그에게 돌렸다.

1395 refer to　　　　　1) …을 언급하다 2) …을 참조하다

▶ 1) He *referred to* his past experience.
　　그는 과거의 경험을 언급했다.
▶ 2) I often *refer to* the dictionary.
　　나는 가끔 사전을 참조한다.

NOTE ● **refer to A as B** ‘A를 B의 이름으로 부르다’
This *is* usually *referred to as* New Thought.
이것이 세간에서 신사고라 일컬어지는 것이다.

1396 reflect upon/on　　1) 곰곰히 생각해보다
　　　　　　　　　　　2) …에 악영향을 미치다

▶ 1) *Reflect upon* all I have said to you.
　　내가 너에게 말한 모든 것을 곰곰히 생각해보아라.
▶ 2) This decision will *reflect on* his future career.
　　이런 결정은 그의 장래 경력에 나쁜 영향을 줄 것이다.

 reflect A on B 'B에 A를 가져오다, 초래하다'
His folly *reflected* disaster *on* us.
그의 바보같은 짓은 우리에게 재앙을 가져왔다.

1397 resort to
1) …에 자주 가다
2) ….에 호소하다, 의지하다

〈동의어〉 2) depend on

▶ 1) He *resorts to* this coffee shop.
  그는 이 커피숍에 자주 간다.
▶ 2) We *resorted to* drastic measures.
  우리는 강경한 조치에 호소했다.

참고 **resort in** …에 체제하다

1398 run off
1) 도망치다
2) 마르게 하다, 방출하다

▶ 1) The pickpocket *ran off* quickly.
  소매치기는 재빨리 도망쳤다.
▶ 2) *Run* the water *off* when you've had your bath.
  목욕을 마치면 물을 닦아내라.

참고 **run off with** …을 가지고 도망치다, …와 함께 도망치다

1399 set aside
1) 제쳐두다 2) 저축하다

〈동의어〉 2) save

▶ 1) He *set* the book *aside,* and gave me his hand.
  그는 책을 한쪽으로 밀어내고 나에게 손을 내밀었다.
▶ 2) I'll *set* this money *aside* against a rainy day.
  나는 어려울 때를 대비해서 이 돈을 저축해둘 것이다.

1400 set forth
1) 말하다, 설명하다
2) 내보이다, 공개하다 3) 출발하다

▶ 1) He *set forth* his view upon the subject.
  그는 그 문제에 대한 자신의 생각을 말했다.

▶ 2) He *set forth* his plans for the future.
그는 미래에 대한 그의 계획을 발표했다.

▶ 3) He *set forth* for America last week.
그는 지난 주에 미국으로 떠났다.

NOTE ● **set forward**도 비슷하게 1) 진술하다 2) 발표하다 3) 출발하다는 뜻으로 쓰인다.

1401	**set to**	1) (+ 동사원형) 본격적으로 …하기 시작하다
		2) 먹기 시작하다, 싸움을 시작하다

▶ 1) We *set to* work soon after lunch .
우리는 점심 식사 후 곧장 본격적으로 일하기 시작했다.

▶ 2) They were all hungry and at once *set to*.
그들은 모두 배가 고팠으므로 즉시 먹기 시작했다.

NOTE ● 이때 **to**는 모두 부사로 쓰인 것이다.

1402	**share in**	1) …을 분배받다
		2) …을 분담하다

▶ 1) I am entitled to *share in* the profit.
나는 이익을 분배받을 권리가 있다.

▶ 2) I'll *share in* the cost with you.
나는 당신과 비용을 분담하겠다.

NOTE ● 타동사로 쓰인 **share**는 함께 쓰이는 전치사에 따라 두가지 뜻으로 나눌 수 있다.
We *shared* sorrows *with* them.
우리는 그들과 슬픔을 함께 했다.
They *shared* food *among* them. 그들은 음식을 나누었다.

1403	**sit up**	1) 일어나 앉다
		2) 자지 않고 일어나 있다

▶ 1) He *sat up* in excitement. 그는 흥분해서 일어나 앉았다.

▶ 2) I *sat up* late last night.
나는 지난 밤 늦게까지 자지 않고 있었다.

| 1404 | **subject … to —** | 1) …을 —에 복종시키다 |
| | | 2) …을 —에 맡기다 |

▶ 1) The king *subjected* a neighboring country *to* his
rule. 왕은 이웃나라를 그의 지배 하에 두었다.

▶ 2) He *subjected* a report *to* the queen.
그는 보고서를 여왕에게 제출했다.

NOTE ● 위에서 주어가 분명하지 않을 때에는 수동구문으로 쓰이게
된다.

be subjected to '…을 당하다, …에 시달리다'

재귀대명사를 사용한 〈**subject oneself to**…〉도 같은 뜻이다.

| 1405 | **submit to** | 1) …에 복종하다 2) …을 감수하다 |
| | | 3) …을 제출하다 |

〈동의어〉 1) surrender to

▶ 1) He *submitted to* authority. 그는 권위에 복종했다.

▶ 2) He *submitted to* his fate. 그는 운명을 받아들였다.

▶ 3) He *submitted* a report *to* the city councile.
그는 보고서를 시의회에 제출했다.

참고 **submit oneself to** …에 복종하다

| 1406 | **sum up** | 1) 합하다 2) 요약하다 |

▶ 1) I *summed up* the bills. 나는 청구서들을 합해보았다.

▶ 2) I *summed up* the contents in 50 words.
그 내용을 50 단어 내로 요약했다.

참고 **sum to/into** '합계가 …이 되다'
The expense *sums into* 500 dollars.
비용은 합계 500 달라가 된다.

| 1407 | **take charge of** | 1) …을 떠맡다 2) …을 돌보다 |

〈동의어〉 2) take care of

▶ 1) He *took charge of* all the work.
= They charged him with all the work.
그가 모든 일을 떠맡았다.
▶ 2) He *took charge of* my boy when I was away.
내가 없을 때에는 그가 내 자식을 돌보았다.

NOTE ● **in charge of** …을 맡고 있는
The nurse was *in charge of* the children under six years old. 그 간호사는 여섯살 미만의 아이들을 맡았다.

1408	**take down**	1) …을 내리다 2) …적어두다 3) 삼키다

▶ 1) Will you *take down* the vase from the shelf?
선반에서 꽃병을 내려주시겠습니까?
▶ 2) I was eager to *take down* his speech.
나는 그의 연설을 열심히 받아 적었다.
▶ 3) Don't chew. Only *take* it *down*.
씹지 마시오, 삼키기만 하시오.

1409	**take in**	1) 구독하다 2) 속이다

▶ 1) I *take in* three daily papers.
나는 일간지 세가지를 구독한다.
▶ 2) I was completely *taken in* by his story.
나는 그의 이야기에 완전히 속았다.

1410	**take liberties with**	1) …에게 흉허물 없이 굴다 2) …를 멋대로 바꾸다

▶ 1) Stop *taking liberties* with him in the public.
사람들 앞에서 그에게 버릇없이 굴지 말아라.
▶ 2) The translator can not *take liberties with* the original text. 번역가는 원본을 멋대로 고칠 수 없다.

NOTE ● **liberty**는 복수형으로 쓰여 '특권, privileges'란 뜻를 갖는다.

1411 take off   1)…을 벗다 2) 이륙하다

〈반의어〉 1) put on …을 입다 2) land on …에 착륙하다

> ▶ 1) You must *take off* your hat in the room.
>   방에서는 모자를 벗어야만 한다.
> ▶ 2) The plane *took off* from Kimpo.
>   비행기는 김포공항을 이륙했다.

참고   **take on** 고용하다, 떠맡다
The firm had to *take on* part—time workers
그 회사는 시간제 노동자를 고용해야만 했다.
I cannot *take on* any more work.
나는 더이상의 일을 맡을 수 없다.

1412 take one's place   1) 앉다 2)…을 대리하다

〈동의어〉 1) take one's seat

> ▶ 1) They *took their places* at table.
>   그들은 식탁에 둘러 앉았다.
> ▶ 2) I *took his place* as referee.
>   나는 그 대신으로 심판을 맡았다.

NOTE ● **take place** 개최되다, (사건이)일어나다
The demonstration *took place* without disorder.
시위는 아무런 혼란없이 개최되었다.

1413 take out   1) 꺼내다 2) 데리고 나가다

> ▶ 1) He *took out* his purse. 그는 지갑을 꺼냈다.
> ▶ 2) I am going to *take* him *out* for a walk.
>   나는 그를 데리고 산책을 나갈 예정이다.

1414 take to   1) …에 몰두하다
                                     2) …이 습관이 되다
                                     3) …이 좋아지다, …을 따르다

▶ 1) He **took** naturally **to** study.
　그는 자연스럽게 연구에 몰두했다.
▶ 2) I have **taken to** smoking recently.
　나는 담배피우는 것이 최근에 습관이 되었다.
▶ 3) The baby has **taken to** her new nursemaid.
　아기는 새 유모를 따랐다.

[주의]　**take to** 다음에는 동명사나 동사원형이 모두 사용될 수 있다.

1415　**tell off**　　　　　1) (일 등을) 지시하다
　　　　　　　　　　　　2) 야단치다 3) 특파하다

▶ 1) I was **told off** to do it.
　나는 그것을 하도록 지시받았다.
▶ 2) I **told** him **off** for keeping me waiting.
　나를 기다리게 했기 때문에 그에게 잔소리를 했다.
▶ 3) Ten men were **told off** for special duty.
　열 사람이 특별 임무를 띠고 파견되었다.

참고　**tell on** 고자질하다, 밀고하다
　He **told on** his brother. 그는 형을 고자질했다.

1416　**think of**　　　　　1) …을 생각해내다
　　　　　　　　　　　　2) …할까 생각하다

▶ 1) I can not **think of** his name.
　그의 이름을 생각해낼 수가 없다.
▶ 2) I am **thinking of** learning French.
　프랑스어를 배울까 생각하고 있다.

[주의]　두번째 뜻으로 사용될 경우에는 〈**think of** + **동명사**〉의 형
식으로 사용된다. 이것이 부정이 될 경우에는 〈…할 것을 예
기치 못하다〉가 된다.
　I didn't **think of** com**i**ng back alive.
　나는 살아서 돌아올지 생각지도 못했다.

NOTE ● **think of A as B** 'A를 B라고 생각하다'
　He **think of** himself **as** a poet. 그는 자신을 시인이라 생각한다.

1417 **turn aside**   1) 피하다, 빗나게 하다
                                  2) 벗어나다

▶ 1) He *turned aside* a blow of the enemy.
   그는 적의 공격을 피했다.
▶ 2) Do not *turn aside* from the beaten path.
   늘 다니던 길에서 벗어나지 마라.

NOTE ● **off the beaten path** 상궤를 벗어난, 사람이 별로 다니지 않는

1418 **turn away**   1) …을 내쫓다
                                  2) (얼굴을) 돌리다, 외면하다

▶ 1) He was *turned away* at the door.
   그는 문전에서 쫓겨났다.
▶ 2) He *turned away* his face from her.
   그는 그녀에서 얼굴을 돌렸다.

NOTE ● 두번째 뜻에서는 전치사 *from*이 동반되는 경우가 많다.

1419 **turn over**   1) 넘어뜨리다 2) (책장을) 넘기다
                                  3) 넘겨주다

▶ 1) The waves *turned* our boat *over*.
   파도에 우리 보트는 전복됐다.
▶ 2) He *turned over* the pages to find the poem.
   그는 그 시를 찾기 위해 책장을 넘겼다.
▶ 3) I *turned over* my firm to my nephew.
   나는 회사를 조카에게 넘겨주었다.

NOTE ● 세번째 뜻으로 사용될 경우에는 주로 전치사 **to**가 수반된다.

1420 **turn to**   1) …에 의지하다, 호소하다
                                  2) …에 착수하다

〈동의어〉 1) resort to

▶ 1) I have no one to *turn to*. 나는 의지할 사람이 없다.

▶ 2) I *turned to* the study of law.
　　나는 법률 공부에 착수했다.

NOTE ● **to** 이하의 명사가 생략되는 경우가 많다.
　　It's time we *turned to* (our work).
　　이젠 일에 착수할 시간이다.

1421　up to　　　　　　　1) …까지 2) …의 책임으로

▶ 1) The water came *up to* his chin.
　　물이 그의 턱까지 차 올랐다.
▶ 2) It is *up to* you to finish the job.
　　이 일을 끝내는 것은 네 책임이다.

NOTE ● 부정문과 함께 쓰여서는 '…보다 못한'이란 의미를 갖는다.
　　He is *not up to* his father as a scholar.
　　그는 학자로서 아버지만 못하다.

1422　wear out　　　　　1)…을 지치게 하다 2) 닳게 하다
　　　　　　　　　　　　　　3) (인내 등을) 다하게 하다

▶ 1) I was *worn out* with this long journey.
　　나는 이 긴 여행에 지쳤다.
▶ 2) My shoes are *worn out*. 내 신발은 닳아 헤어졌다.
▶ 3) My patience was *worn out* at last.
　　마침내 내 인내도 한계에 이르렀다.

[참고]　**wear off** 점차 사라지다
　　The back pain is *wearing off*. 등의 통증이 점차 사라지고 있다.

1423　work out　　　　　1) 성취하다
　　　　　　　　　　　　　　2) (계획 등을) 완전히 세우다
　　　　　　　　　　　　　　3) (문제를) 해결하다

〈동의어〉 3) solve

▶ 1) He has *worked out* his purpose at last.
　　그는 마침내 그의 목적을 달성했다.

▶ 2) He *worked out* a new plan. 그는 새 계획을 수립했다.
▶ 3) See if you can *work* this puzzle *out*.
　　네가 이 퍼즐을 풀 수 있나 보자.

 work into …에 삽입하다, 집어 넣다
We *worked* new courses *into* the curriculum.
우리는 커리큘럼에 새 강좌를 집어넣었다.

$$\boxed{\textbf{QUESTION BOX}}$$

*** 부사의 위치는?**

우리는 영어 문장을 읽다보면 always 같은 부사는 동사의 앞이나 뒤에 쓰일 수 있는데, yesterday와 같은 부사는 반드시 문장 앞이나 뒤에 쓰이고 있는 것을 볼 수 있다. 과연 이런 부사들이 문장에서 차지하는 위치에 특별한 원칙이 있는 것일까?

우선 시간 부사를 살펴보자. 시간을 나타내는 부사는 전체적인 의미에서 두가지로 나누어 볼 수 있다. 특정한 시간을 뜻하는 부사로 yesterday, today, tomorrow, last week(지난 주), two months ago(두 달전) 등과 같은 것들이다. 이런 부사들은 원칙적으로 문장의 마지막에 오는 것이 원칙이다.

I last night went to the cinema.(x)

I went to the cinema last night.(o)

그러나 시간을 강조하고 싶은 경우에는 문장의 첫머리에 쓰인다.

Last night I went to the cinema.

한편 특정한 시간을 한정하지 않는 부사들, 예를 들어 ever, always, often, soon, sometimes 등과 대개의 부사들(almost, scarcely, hardly, nearly, even)은 본동사 앞에 쓰인다. 다만 동사가 be 동사인 경우에는 뒤에 놓이게 된다.

They come always late to school.(x)

They always come late to school.(o)

They are always late.(o)

마지막으로 하나 더! 장소를 나타내는 부사와 시간을 나타내는 부사가 동시에 올 경우에는 장소 부사가 먼저 쓰인다.

Our boys will be tomorrow here.(x)

Our boys will be here tomorrow.(o)

실력발전

숙어의 뜻을 파악하는 비법

  영어에 있어서 숙어는 거의 언제나 전치사를 동반하고 있다. 이런 점에서 전치사가 지닌 뜻을 정확히 파악하고 있다면 여러 단어가 모인 숙어의 뜻을 하나하나 암기할 필요없이, 이미 알고 있는 단어와 전치사의 뜻을 조합하여 그 뜻을 헤아려 볼 수 있게 된다. 따라서 여기에서 소개하는 전치사의 의미를 정확히 소화하면 숙어의 뜻을 조금이라도 쉽게 받아들일 수 있을 것이다.

비유적인 뜻을 동반하는 전치사

(1) **above** : 주로 〈부정〉적인 뜻을 갖는다. 따라서 이 전치사로 이루어진 숙어는 뒤에 오는 명사의 뜻에 따라 의미가 결정된다. 예를 들어, **above means**라고 하고 **means**는 '수입'을 뜻하므로 '분수에 넘치는'이란 의미를 갖게 된다. 또 다른 예로, **above suspicion**은 당연히 '의심할 수 없는'이란 의미가 된다.

He lives *above* his means. 그는 분수에 넘치는 생활을 한다.

You must not be *above* taking advice.

충고하는 것을 부끄럽게 생각해서는 안된다.

Each one seems to be *above* suspicion.

누구도 수상한 점이 없는 것 같다.

(2) **at** : 〈어떤 상태〉를 나타낸다.

at rest(=not troubled, 안심하고 있는), *at peace*(=not at war, 평온한 /사이가 좋은), *at ease*(=comfortable, 편안한), *at loss*(=uncertain, 어찌하면 좋을지 모르는 상태).

(3) **below** : 〈부정〉의 개념으로 특히 가치관을 중심으로 이루어지므로, **be unworthy of**와 같은 의미로 보면 충분하다.

It was *below* a gentleman to wrangle.
싸우는 것은 신사답지 못했다.
His accusations are *below* contempt.
그의 비난은 경멸할 가치도 없다.

(4) **beneath** : 〈부정〉의 개념으로 below와 마찬가지로 **be unworthy of**의 의미를 갖는다.

His accusations are *beneath* contempt.
그의 비난은 경멸할 가치도 없다.
It is *beneath* you to complain. 불평하는 것은 너답지 못하다.

(5) **beyond** : 〈부정〉의 개념으로 어떤 한계나 능력을 넘어서는 것을 의미한다.

This book is *beyond* me. 이 책은 내 능력을 넘어선다.
That strange idea is *beyond* belief.
저 이상한 생각은 도저히 믿을 수 없다.

(6) **from** : 〈부정〉의 개념이다. **from, off, of**는 모두 〈떨어지다〉라는 의미에서 파생되는 〈없애다, 빼앗다, 피하다, 하지 않는다〉는 의미가 된다.

A tree gave us shelter *from* the rain.
한 그루의 나무 덕에 우리는 비에 젖지 않았다
What prevented you *from* coming?
어째서 당신은 올 수 없었습니까?

(7) **in** : 어떤 공간에 틀어박혀 있다는 의미로, 그 속에서 빠져나올 수 없어 어찌할 수 없는 상태를 나타낸다. **at**이 '적극적'인 뜻을 갖는데 비해서, **in**은 '수동적'인 뜻을 갖는다.

My finances are *in* good order. 자금 회전이 순조롭다.

We live *in* decent comfort. 우리는 편한 생활을 하고 있다.

(8) **into** : 〈변화〉를 나타낸다. 무엇인가 새롭게 시작하고 변하는 것, 혹은 무엇을 깊숙히 연구하고 조사하는 일.

Few could enter *into* his feeling.
그의 기분을 이해하는 사람은 거의 없다.
He frightened her *into* submission.
그는 그 여자를 협박해서 굴복하게 만들었다.

(9) **off** : **off, of**와 같이 〈부정〉의 뜻을 갖는다.

She was scolding him, because he was *off* work.
그녀는 그를 꾸짖고 있다. 왜냐하면 공부를 게을리 했으니까.
He is *off* his head. 그는 머리가 돌았다.

(10) **on** : 어떤 상태나 동작이 〈계속〉되고 있음을 나타낸다. 때로는 영향, 타격을 주는 것도 나타낸다.

Bill was obliged to stay *on* duty. 빌은 근무지를 떠날 수 없었다.
This morning they were all back *on* their job.
오늘 아침 그들은 모두 직장으로 돌아왔다.
Large enemy forces were *on* the move.
적의 대부대가 이동 중이었다.

(11) **out of** : 〈밖으로 나가다〉라는 의미에서 〈떠나다〉란 개념. **from, off, of** 등과 마찬가지로 〈부정〉적 개념을 갖는다.

His son was thought to be *out of* danger.
그의 아들은 위험을 벗어났다고 생각되었다.
He was *out of* work. 그는 실직 중이었다.
It was *out of* print. 그 책은 절판되었다.

(12) **over** : 〈바로 위에 있다〉는 위치 관계가 발전되어 사용된다. 반면에 **under**는 〈수동, 지배당하다, 신분이 아래이다〉는 뜻을 갖는다. 또한 위, 아래가 〈겹치다〉는 의미에서 〈동시성〉〈반복〉을 뜻하기도 한다.

A colonel is *over* a lieutenant. 대령은 중령보다 계급이 위다.

A king reigns *over* his kingdom. 왕은 자기 왕국을 통치한다.

(13) **under** : **over**의 반대로 〈아래〉에 있어, 명사와 결합하여 그 동작의 수동적 의미를 낳는다.

You are *under* a mistaken impression.

당신이 받은 인상은 잘못된 것이다.

He lives *under* the threat of disease.

그는 병의 위협을 받으며 살고 있다.

사용빈도가 높은 전치사 9

▶ **at, in, on(upon)**

《기본적인 뜻》

at : 막연히 어느 한 점으로서의 장소(0차원)

on : 선이나 면에서의 어떤 장소(1—2차원)

in : 너비, 폭, 높이, 길이가 있는 장소(3차원)

(1) **at** : 막연히 어떤 한 점, 도달점, 최종 목표점, 적극적으로 어떤 한 점에 집중하는 상태, 추상적으로 숫자화된 상태를 나타낸다.

   a) 비율 : 추상적으로 숫자화된 점

   They were driving *at* full speed.

   그들은 전속력으로 운전하고 있었다.

   They are sold *at* six thousand dollars a piece.

   그것들은 한개에 6000 달라에 팔린다.

   b) 도달지점 : 구체적인 장소에서 추상화된 상태에 이르기까지 어떤 동작의 결말 혹은 개시 지점을 나타낸다.

   He arrived *at* Seoul at night. 그는 밤에 서울에 도착했다.

   A train stopped *at* a station. 기차가 역에 멎었다.

c) 존재, 종사 : 어떤 동작이 행해지는 지점에 존재하거나 종사하는 상
   태를 나타냄.

I have been *at* a wedding today. 나는 오늘 결혼식에 갔었다.
I was present *at* the interview. 나는 기자회견장에 참석했다.

d) 통과지점 : 출입의 동작을 나타내는 동사와 함께 사용되어, 그 동작
   이 통과하는 한 점을 나타낸다.

She entered the house *at* the front door and came out *at* the
back door.
그녀는 앞문으로 그 집에 들어가 뒷문으로 나왔다.
What the teacher says often goes in *at* one ear and out *at*
the other.
선생님 말씀은 가끔 한쪽 귀로 들어와 다른쪽 귀로 나간다.

e) 표적·대상 : 동작을 나타내는 동사와 더불어 쓰여 그 동사의 동작
   이 향하는 대상을 나타낸다. 그러나 동작의 표적에 도달했는지 여
   부는 문제되지 않는다.

A drowning man will catch *at* a straw.
물에 빠진 사람은 지푸라기라도 잡으려 한다.
He had to guess *at* the meaning.
그 의미를 추측해보는 수 밖에 없었다.
He threw a stone *at* the dog. 그는 그 개에게 돌을 던졌다.
cf. He threw a bone *to* the dog.
    그는 개에게 뼈 하나를 던져주었다.

f) 종사 : 어떤 동작이 한 점에 쏠리고 있는 것을 **at**으로 나타내기 때
   문에, 그 한 점에 적극적으로 동작이 향하고 있는 상태나 조건을
   나타내기도 한다. **at**의 적극성에 대조적으로 **in**은 소극적이고 수동
   적인 피해자적 입장에서 어떤 상태로부터 벗어날 수 없는 경우를
   나타낸다.

He is always hard *at* work. 그는 언제나 일을 열심히 한다.
A party of gentlemen were *at* cards.

신사들이 카드놀이에 한창이었다.

It was night, and all were *at* rest. 밤이어서 모두 쉬고 있었다.

I always find him *at* his studies. 그는 언제나 공부하고 있다.

The man died *at* his post. 그는 직무 수행중에 죽었다.

No talking to the man *at* the wheel.

운전하고 있는 사람에게 말걸지 말 것.

g) 상태 : 앞에서도 말했듯이 **in**과는 대조적으로 의지있는 행위로, 어떤 행위나 상태에 적극적으로 참여하고 있는 경우를 나타낸다.

Korea and Japan are not *at* war.

한국과 일본은 교전 중이 아니다.

Shall you be *at* leisure to go out in the evening?

저녁에는 외출할 여유가 있을까요?

(2) **in** : **out of**의 반대되는 개념으로, **within**은 **in** 보다 더욱 한계 안에 있음을 강조해준다. 앞에서 본 **at**과는 반대로 **in**은 소극적이고 수동적인 의미가 강하고, 어떤 상태에서 벗어날 수 없음을 나타낸다.

a) 장소 : 3차원의 어떤 한정된 장소에 있음을 나타낸다.

When I am *in* the country, I never wish to leave it.

나는 시골에 있으면 그곳을 떠나고 싶지 않다.

He suddenly sat upright *in* his chair.

그는 갑자기 의자에 앉은채로 자세를 바로했다.

b) 범위 : 시야나 의견 등의 범위 내에 있음을 나타낸다.

There was a little canoe *in* my sight.

내 시야에 작은 카누의 모습이 들어왔다.

In my opinion, the scheme is unsound.

내 생각에 그 계획은 근거가 없다.

c) 동격 : 장소적 개념으로, 단순히 무엇이 어딘가에 있다는 것이 아니고 장소 자체와의 동일성을 나타낸다.

You will always have a good friend *in* me.

언제나 나는 너의 좋은 친구일 것이다.
We have lost a first−rate teacher *in* Jim.
우리는 짐, 즉 일류 선생을 잃었다.
The enemy lost 200 *in* killed and wounded.
적의 사상자는 200명 이었다.

d) 상태 : **at**과는 달리 적극성이 느껴지지 않는다.

The works are now *in* progress. 연구는 지금 진행중이다.
I have examined the watch and find it *in* good order.
나는 그 시계를 살폈다. 잘 움직이고 있었다.

e) 수동적 개념 : **in**의 목적어로 쓰인 명사가 타동사적 의미를 가지더라도 '수동'의 의미가 강하게 반영된다.

These books have been *in* general use for some time last.
이 책은 일반적으로 널리 사용되고 있다.
Bicycling is now *in* favor with young men.
자전거 타기가 요즘 젊은이들에게 인기있다.
The law against opium−smoking is *in* force.
아편금지령이 발효중이다.

(3) **on** : 선이나 면에 접촉하고 있거나 접촉을 시도하려는 기분을 느끼게 한다. 예를 들어 **look at**은 그저 촛점을 집중하는 것 뿐이지만, **look on**은 대상에 대한 감정이 깃들여져 있는 표현이다.

a) 접촉 : 단지 '윗면'만이 아니라 '옆면, 뒷면'도 포함하기 때문에 조심해야 한다.

on the table, on the wall, on the ceiling……
특히 '위'를 강조할 경우에는 *on top of*…
특히 '옆면'을 강조할 경우에는 *on the side of*…
cf. at table 처럼 추상화된 표현과의 비교가 필요하다.

b) 소유 : 접촉을 넘어 '몸에 지니고 있음'을 나타낸다.

Do you have a match *on* you? 혹시 성냥 가지고 계십니까?

I have no money *on* me. 나에게는 돈이 없다.

c) 계속 : 뒤에 행위를 나타내는 명사가 오면, 그 명사가 뜻하는 행위
가 진행 중임을 나타낸다.

Is the consumption of beer still *on* the increase?
아직 맥주 소비가 늘고 있습니까?
He is *on* the run from the police.
그는 경찰 손에서 벗어나 도망 중이다.

d) 접근 : 면이나 선을 향해 접근하고 있음을 나타낸다. 이때 **on**은
near, by, along 등과 같은 의미로 보면 된다.

They stopped at an inn *on* the lake. 그들은 어떤 호수가의 여인숙
에 멈추었다.
He is close *on* sixty. 그는 60세에 가깝다.
It's already hard *on* October. 이제 곧 10월이다.

e) 의존 : 접근이나 접촉에서 지탱되고 있는 상태, 수단, 도구를 나타
낸다.

The earth turns *on* its axis. 지구는 그 축을 회전한다.
The theory is based *on* facts. 그 이론은 사실에 근거한다.
It depends *on* circumstances. 경우에 따라 다르다.

f) 영향 : 접촉이나 접근에서 오는 영향을 표현한다.

The hard work told *on* her. 중노동은 그녀에게 힘들었다.
Heredity and environment are influences *on* character.
유전과 환경이 성격에 영향을 미친다.

g) 대상과 관계 : **about**은 그 주변의 것도 포함하여 여러가지를 대상
으로 생각하는데 반하여, **on**은 중심 문제를 떠나지 않고 집중하는
태도를 나타낸다.

He talked *on* many subjects.
그는 여러가지 문제를 화제로 삼는다.
The editor gave a comment *on* the rise of prices.

논설위원은 물가상승에 대한 논평을 했다.

h) 목적 : 일의 대상, 행위의 목표를 나타낸다.

He went to Europe *on* business. 그는 사업차 유럽에 갔다.
He's now *on* a second novel. 그는 다음 소설을 쓰고 있다.

▶ **by, from, of**

《기본적인 뜻》

by : 장소의 by, [가까이, 옆에]

from : 장소의 from, 원래는 부사로 〈나아가다〉 〈떨어지다〉는 뜻을 나타낸다.

of : from 보다 더 추상화된 뜻이다. 분리, 기원만이 아니라 추상적인 여러 〈관계〉를 나타낼 수도 있다.

(1) **by** : 장소의 **by**(옆에, 가까이)와 결합되어 그 의미가 확대된다.

  a) 접근 : at the side of, beside와 같이 단순한 장소를 의미한다.

  Sit *by* me. 내 옆에 앉아라.
  We had a day *by* the sea. 우리는 바닷가에서 하루를 보냈다.

  b) 경유, 통과, 정도 : 장소의 뜻인 〈옆〉에서 '왕래'를 뜻하는 동사와 결합하여 '경유, 통과'를 나타내고, '성장, 경과, 변화'를 뜻하는 동사와 결합하여 '정도'를 나타낸다.

  I went to France *by* Siberia.
  나는 시베리아를 경유하여 프랑스에 갔다.
  I go *by* his house every day. 나는 매일 그의 집을 지나간다.
  He is my senior *by* three year. 그는 나보다 3살 연상이다.
  The bullet missed my head *by* a hair's breadth.
  총알이 아슬아슬하게 머리를 스쳐 지나갔다.

  c) 단위, 기준 : 무엇인가의 행위의 판단 기준이나 단위를 나타낸다.

  Don't judge a person *by* his clothes.
  옷으로 사람을 판단하지마라.

He is paid *by* the month. 그는 월 단위로 급료를 받는다.

d) 매개, 수단, 방법 : **through, with** 등과 마찬가지로 '수단, 방법'을 나타낸다.

Suddenly she caught him *by* the ear.
갑자기 그녀는 그의 귀를 잡아당겼다.
Please let me know *by* letter. 편지로 알려주십시요.
Did you come *by* train? 기차로 왔습니까?

e) 동작주 : 반드시 〈행위자〉라고 말할 수는 없다. 일종의 주어인 양 여겨질 수 있음을 나타내는 것으로 **through, with, from, of**가 사용되기도 한다.

We listened to a speech *by/of/from* the Prime Minister.
우리는 수상의 연설에 귀를 기울였다.
He was slain *by* the enemy with the sword.
그는 적에게 칼로 참살당했다.
The city was destroyed *by* fire. 그 도시는 화재로 파괴되었다.
cf. He destroyed the city *with* fire.
　　비교되는 문장은 동작주를 인간으로, fire를 수단으로 하고 있지만 내용은 앞 문장과 다를 바 없다.

(2) **from** : 기본개념은 〈출발점〉을 나타내고, 그것이 추상화되어 여러가지 의미로 확대된다.

a) 장소, 시간, 순서 : 시간과 장소의 출발점. 어디에서 어디까지로 범위를 나타내기도 한다.

We traveled *from* London to Rome.
우리는 런던에서 로마까지 여행했다.
Bees were going *from* flower to flower.
벌들은 꽃을 옮겨 다니고 있었다.
The hotel stands two miles away *from* the village.
호텔은 그 마을에서 2마일 정도 떨어져 있다.

He had received a very long letter *from* her.
그는 그녀에게서 긴 편지를 받았다.

b) 분리, 금지, 부정 : 어떤 지점에서 출발하고, 멀어지고, 혹은 뒤에
오는 명사의 뜻을 부정하게 만든다.

Take that knife away *from* the baby.
저 칼을 아기에서 멀리 치워라.
When were you released *from* prison?
너는 언제 감옥에서 나왔느냐?
What prevented you *from* coming? 왜 올 수 없었느냐?
(from 뒤에 추상적인 의미의 동명사가 오도록 되어있어, 분리가 아닌 부
정으로 해석)
You are supposed to refrain *from* smoking here.
여기에서는 담배를 피우지 못하도록 되어있다.
(from smoking — not to smoke)

c) 구별 : 이 경우에는 〈…에서〉라고 번역하기 힘들다. 따라서 〈같지
않다〉는 부정적 의미로 이해하여야 한다.

It differs *from* all the others. 이것은 다른 것들과는 다르다.
How would you know an Englishman *from* an American?
어떻게 영국인과 미국인을 구별합니까?

d) 원료, 원인 : 기원을 나타내며, 어떤 행위의 원인을 나타낼 수 있다
는 점에서 **of**와 같다.

Let's speak *from* experience. 경험을 바탕으로 이야기하자.
Wine is made *from* grapes. 와인은 포도로 만들어진다.
He is suffering *from* influenza. 그는 독감으로 고생하고 있다.

(3) **of** : 원래는 부사로 **off, out of**와 같이 '분리'를 나타냈다. 지금에
와서는 '분리'를 **off**가 거의 전담하고 있다. **of**는 어디에서 나왔는
가를 생각하는 '기원', 무엇에서 발생했는가를 생각하는 '원인', 무
엇에서 만들어졌는가를 생각하는 '재료' 등을 나타내며, 좀 더 추

상화하여 **of**를 중심으로 결합되는 단어들의 내용을 논리적으로
판단하여 '어떤 관계'를 보여준다.

a) 분리 : 본래의 의미는 **off, out of, from**과 같지만, 좀더 추상적인
개념이 강하다.

They robbed me *of* my wallet. 그들은 나의 지갑을 훔쳤다.

Let's clear the street *of* snow. 도로의 눈을 치우자.

I should be thankful to be relieved *of* this trouble.

나의 이 고민을 해결해준다면 고맙겠는데.

The room was clear *of* furniture.

그 방에는 가구가 하나도 없었다.

b) 출발점, 중심점 : **from, off**와 같은 내용으로 뒤에 오는 명사에서
떨어져 있다는 것을 나타낸다. 이런 점에서 '분리'와 구분된다.

The bomb fell wide *of* the building.

폭탄은 그 건물에서 멀리 떨어진 곳에 투하됐다.

He has fallen short *of* our expectation.

그는 우리 기대에 부응하지 못했다.

It is quarter *of* five. 5시에서 15분 전이다.

c) 출생, 유래 : 생겨난 기원, 행동의 발생지, 어떤 결과와의 추상적인
관계를 나타낸다.

He was born *of* a noble family. 그는 귀족 가문에서 태어났다.

I'm *of* the South. 나는 남부 출신이다.

It is very kind *of* you to do such a thing.

그런 일을 하다니, 너는 참 친절하구나.

d) 상대 : 기원과 분리를 뜻하지만, 특히 인간을 대상으로 하여 〈…에
게 무엇을 요구하다〉는 뜻이 숨어있다.

Parents expect too much *of* their children.

부모들은 자식들에게 너무 많은 것을 기대한다.

I beg (*of*) you not to get into danger.

나는 네가 위험에 빠져들지 않기를 바란다.

May I ask a favor *of* you? 부탁을 해도 되겠습니까?

The conqueror required tons of gold *of* the natives.

정복자들은 원주민에게 몇 톤의 황금을 요구했다.

e) 원인, 동기 : 역시 기원의 일종으로, 어떤 행위나 상태의 원인 및 동기를 나타낸다.

I shall die *of* boredom. 나는 심심해 죽을 지경이다.

He was proud *of* his success. 그는 성공한 것을 자랑했다.

She stayed there *of* her own accord. 그녀는 자발적으로 거기게 남았다.

The door opened *of* itself. 문이 저절로 열렸다.

f) 재료 : 기원과 원인을 나타내는 전치사로는 **from**과 **of**가 있지만, **from**은 원료를, **of**는 재료를 나타낸다.

The table was *of* stone. 그 테이블은 돌로 만들어졌다.

Water is composed *of* hydrogen and oxygen. 물은 수소와 산소로 구성된다.

You are only making an awful ass *of* yourself.

네자신을 터무니없는 바보로 만들 뿐이다.

g) 관계 : **of**는 앞뒤에 오는 단어들 사이의 관계를 맺어주는 역할을 한다. 그 관계는 마치 문장 구조의 관계와도 유사하다.

– 주격관계 : 주어와 동사 또는 소유의 관계

   the discoveries and ideas *of* Darwin.

   〈다윈의 발견과 사상〉이라고 번역하는데 만족하지 말고, discoveries를 discover로, ideas를 think로 생각하여 〈다윈이 발견하고 생각한 것〉이라 이해하는 것이 필요하다.

   the coming of night(밤의 도래, → the night came)

– 목적관계 : 동사와 목적어 관계가 성립

   teachers *of* English(→ people who teach English)

   the discovery *of* beauty(→ discover beauty)

─ 동격관계 :

the city *of* London(→ London city)

the fact *of* your meeting him(→ the fact that you met him)

that fool *of* a man(→ such a fool, 저 바보같은 사람)

─ 서술관계 : *of* + 추사명사의 형태로 앞의 명사와 서술관계를 이룬다

a man *of* wealth(→ a wealthy man)

a man *of* your experience(→ a man who has as much experience as you)

당신 정도의 경험이 있는 사람

It is *of* no use trying to persuade him.

그 사람을 설득하려 해도 소용없다.

I am *of* the opinion that the step is wrong.(→ I think that…)

그 조치는 잘못된 것이라는 의견이다.

─ 부사관계

I have not seen him *of* late. 최근 그를 보지 못했다.

He died *of* an evening. 그는 어느날 저녁에 죽었다.

He is weak of mind.(→he is mentally weak.)

그는 의지가 약하다.

▶ **to, for**

《기본적인 뜻》

to : 어떤 지점으로 향하거나 도착하고 있음을 의미

for : 본래 before의 의미로 어떤 것 앞에 대신해서 놓여지다는 의미로, 무엇을 대신하고 무엇을 지지한다는 의미를 나타낸다.

(1) **to** : 어떤 곳으로 향하여 움직이고, 그것에 도착하는 의미를 나타낸다. 확대되어, '도착'에서 '한계, 결과, 목적, 결합, 적응, 일치, 비례, 대조,

대립'등의 의미를 나타내게 된다.

a) 방향, 도착 : 단순히 〈…로〉만으로 해석해서는 곤란하다. 오히려 도착을 목적으로 해서 어떤 방향으로 움직이는 것이기 때문에 〈…에까지, …에〉라고 번역해야 할 것이다.

Did you throw it at him or *to* him?
그것을 그에게 던졌느냐 아니면 향해서 주었느냐?

b) 한계 : 도착에서 파생되어 〈…까지〉란 의미를 나타내며, 뒤에 오는 명사에 따라서 '정도와 상태'를 나타낸다.

Can I get *to* London in three hours?
세 시간 안에 런던에 도착할 수 있을까?
She was in love with him *to* distraction.
그녀는 미칠 정도로 그를 사랑했다.

c) 목적, 결과 : in order to… 혹은 consequently로 이해한다.

I went *to* dinner. 식사하러 갔다.
To my disappointment, the picnic was cancelled.
실망스럽게도 소풍이 취소되었다.
The strike was *to* little purpose.
그 파업은 거의 목적을 달성하지 못했다.

d) 결합, 일치 : 도달이란 개념에서 파생된 것으로, 앞뒤의 단어를 잘 파악해서 그 관계를 결정한다.

There is no index *to* the book. 그 책에는 색인이 없다.
In addition *to* this he was guilty of several minor offences.
그는 그것에 덧붙여 작은 범죄를 몇가지 더 범했다.
That's all there is *to* it. 그것에 관련된 것은 그것이 전부다.
They danced *to* the music. 음악에 맞추어 춤을 추었다.
This is not at all *to* my liking.
그것은 내 기호에 전혀 맞지 않는다.

e) 비교, 대립 : 서로 맞대고 있다는 뜻에서 비교한다는 뜻이 생긴다.

I certainly prefer this one *to* that one.

나는 저것보다 이것을 더 좋아한다.

He was brought face *to* face with his enemy.

그는 상대와 얼굴을 맞대고 대치하였다.

(2) for : 본래 '대리'라는 뜻에서 교환, 목적, 방향을 나타내게 되어 **to**와 혼돈을 일으킨다.

a) 대리, 교환 : in place of, in exchange for의 의미

They will employ somebody to do the business *for* them.

그들은 대신해서 사업을 해줄 사람을 고용할 것이다.

Eye for eye, tooth *for* tooth. 눈에는 눈, 이에는 이

b) 지지, 찬성 : **in support of, in favor of**의 의미로 반대는 **against**

Some people were *for* the war and others were against it.

어떤 사람은 전쟁을 찬성했고, 어떤 사람은 반대했다.

I'm all *for* the young enjoying themselves.

나는 젊은이가 인생을 즐기는데는 찬성이다.

c) 목적, 추구 : **for the purpose of, in order to obtain**의 의미로, 찬성이란 뜻에서 더욱 발전한 것.

Go out *for* a walk. 산책하러 나가자.

What do you want the money *for*?

무엇을 위해 그 돈을 원하느냐?

I felt on all the chairs *for* him, but he was not there.

모든 의자를 더듬어 그를 찾아 보았지만 그는 거기에 없었다.

d) 적당함 : '목적'에서 파생되어 「어울리는 것」이라는 의미를 나타낸다.

This meat is not fit *for* food. 이 고기는 음식으로 적당하지 않다.

Smoking is bad *for* your throat. 흡연은 네 목에 좋지 않다.

It is *for* the guilty to live in fear.

공포에 떨며 사는 것이 죄인에게는 어울리는 일이다.

e) 이익, 은혜 : **to**가 단순히 도달점이나 결과를 나타내는데 반하여, **for**는 그 속에서 **advantage, benefit**를 강하게 느끼게 된다.

He has bought food *for* his children.
그는 아이들을 위해 식량을 샀다.
Will you cash this cheque *for* me?
나를 위해 이 수표를 현금으로 바꾸어주시겠습니까?

f) 원인, 이유 : what for = why에서 보듯이, 목적은 행동의 '원인'이며 '이유'가 된다

He was punished *for* stealing it.
그것을 훔쳤기 때문에 벌을 받았다.
He walked fast *for* fear that he should be late.
늦으면 안되기 때문에 그는 빨리 걸었다.
Were it not *for* his idleness, he would be faultless.
= He cannot be said faultless, only because he is idle.
게으르지 않다면 그는 실패하지 않았을텐데.

g) 기간, 거리 : **during**은 '특정의 기간'에 사용하고, **for**는 그저 막연하게 '어떤 정도의 길이'를 나타낸다. 따라서 summer vacation은 분명하게 지정된 기간이기 때문에 during the summer vacation이 되고, for the vacation은 목적을 나타낸다.

He is known *for* miles around.
그는 이 부근에 널리 알려져 있다.
He will be a cripple *for* life.
평생동안 수족을 제대로 쓰지 못할 것이다.

h) 뒤에 보어를 갖는다 : **as**와 **for**는 '대리'라는 뜻을 가지므로, 뒤에 오는 명사와 동격(to be)으로 결합될 수 있다.

The villagers regarded him *as* the best dentist.
= The villagers considered him to be the best dentist.
= The villagers took him *for* the best dentist.
마을 사람들은 그를 최고의 치과의사로 여겼다.

▶ with : 본래는 **against**와 같은 의미로 '대항'을 나타냈다. 그러나 의미가 추상화되면서 '대항'만이 아니라 단순한 '상호관계'를 나타내고, 나아가서는 '협조, 동반' 등의 뜻을 나타내게 되었다.

　a) 대항, 반대 : 본래의 의미로 against의 뜻

Stop fighting *with* your brother! 네 동생과 그만 싸워라!
Invention cannot run *with* prejudice.
발명은 편견에 대항할 수 없다.

　b) 동반, 비교, 일치 : 대등하게 있음을 의미한다. 예를 들어, compare A to B/compare A with B를 보자. A와 B가 대등한가, 아니면 B가 중심이 되는가? 전자는 A와 B를 대등하게 비교하는 것이며, 후자는 B를 기준으로 하므로 당연히 B에 촛점을 맞추는 것이 된다. 그러나 때로는 그 뜻이 애매하여 혼돈을 일으키는 경우가 있다.

I went *with* her. 나는 그녀와 함께 갔다.
She bought the chairs *with* the table.
테이블과 함께 의자도 샀다.
Compare this *with* that. 저것과 이것을 비교해보아라.
I agree *with* you that he is honest.
그가 정직하다는 점에서 당신과 의견이 같다.

　c) 소유 : =having. '동반'에서 '소유'란 개념을 연상시키고, 그것이 다시 have 동사를 연상시킨다. 여기에서 다시 추상화되어 부대상황 등의 대비구문도 만들어진다.

I saw a man *with* large eyes.(= who had large eyes)
눈이 큰 사람을 보았다.
He spoke *with* a pipe in his mouth. (부대상황)
그는 입에 파이프를 문 채 말했다.
Mike examined her flowers *with* great interest.
마이크는 대단히 흥미를 가지고 그 꽃을 조사했다.

　d) 수단, 원인, 재료 : 〈가지다〉는 소유의 뜻에서 '수단', 또 그것을 가지고 있었기 때문에 그렇게 되었다는 '원인'을 나타낸다.

Cut it *with* a knife. 그것을 칼로 잘라라.

He was tired *with* hard work. 그는 힘든 일로 피곤했다.

Fill the glass *with* water. 잔을 물로 가득 채워라.

e) 관계, 교섭 : 접촉, 서로 닿고 있다는 점에서 관심 혹은 관계의 대
상임을 나타낸다.

We can communicate *with* people in the world by phone.
우리는 전화로 세계 사람과 교신할 수 있다.

She must not be too confidential *with* Sam.
샘을 너무 믿어서는 안된다.

It is all right *with* him. (= He is all right)
그에 관해서는 염려없다.

독해와 응용을 위한 중요어구

방문·통신에 관한 중요어구

(초대받은) 손님	guest
방문객	visitor
(가게의) 손님	customer
손님을 대접하다	entertain a guest
방문하다	call on (a person) ;call at (a place); go (or come) and see ;visit
불시에 방문하다	drop in at~
초대하다	invite
식사에 초대하다	invite (a person) to [have] dinner
초대장	invitation
초대를 수락하다 (거절하다)	accept(decline) one's invitation
선약이 없는	(be) free
집에 있다	(be)at home
부재중	during (or in) one's absence
~형편이 좋으시다면	be convenient for (or to)~
~을 알게하다	tell (or inform) ~of ;let~ know
선물하다	present (or gift)
(회합·방문의) 약속	appointment (or engagement)
편히 하십시오	Please make yourself at home.
마음대로 드십시오	Help yourself to~
~에게 안부전해 주시오.	Please give my best wishes (or regards) to~ ;Ple ase remember me to~ ;Say hello to~
~에게 편지쓰다	write [a letter] to~
~로부터 소식을 듣다	hear from~
편지를 부치다	mail (or post) a letter
편지를 운송하다	forward a letter
~와 내왕이 있다	correspond with~
편지를 등기로 하다	have a letter registered
속달로	by special delivery
우편 소포로	by parcel post
항공 우편	airmail
항공 서간	aerogram
우편번호	zip code
우표를 치다	put a stamp on~
전보 치다	send a telegram (or wire ;cable)
전화하다	call (or ring) up ;[tele-]phone
전화를 받다	answer the phone
전화를 끊다	hang up
번화를 돌리다	dial a number
~에게 …를 대주다	connect~with…
~와 연락하다	get in touch with~
전화번호부	telephone book
(전화)내선	extension
공중전화	public phone
장거리 전화	long distance call
교환수	operator
~를 부탁합니다	May I speak to~? ;I would like to speak to~
당신에게 전화왔습니다.	You are wanted on the phone./ There's a phone call for you.

한국어	영어	한국어	영어
이가 아프다	have a toothache	의사를 부르러 보내다	send for a doctor
(두통;복통)	he(headache; stomachache)	감기들다	catch [a] cold
등(무릎)에 통증이 있다	have a pain in the back(knee)	감기에 걸리다	have a cold
눈(목구멍)이 아프다	have a sore eye(throat)	기침이 나다	have a cough
심장병	heart disease	열이 있다	have a fever;be fevenish
암	cancer	~의 수술을 받다	undergo an operation for~
노이로제	neurosis	약을 먹다	take medicine
독 감	influenza;the flu	안부를 묻다	ask (or inquire) after one's health
폐 렴	pneumonia	구급차	ambulance
외과의사	surgeon	주 사	injection
내과의사	physician	치료중	be under medical treatment
치과의사	dentist	건강에 좋다	be good for the health
간호원	nurse	건강에 해가 된다	be bad for the health
환 자	patient	건강을 해치다	lost one's health
병에 걸리다	fall(or become; get) ill(or sick); be taken ill;suffer from a disease	건강이 회복되다	recover one's health
병이 회복되다	recover from one's illness	건강을 유지하다	maintain (or keep;preserve) one's health
경미한 병이다	be slightly ill	건강을 증진하다	promote one's health
중병이다	be seriously ill	체중을 늘리다	put on weight
병으로 눕다	be ill in bed;be in bed with illness	건강에 주의하다	take good care of oneself
악화되다	get worse	적당한 운동	moderate exercise
호전되다	get better	수면부족	lack of sleep
입원하다	enter [the] hospital	근시의	short-sighted
퇴원하다	leave [the] hospital	귀먹은	be hard of hearing
입원중이다	be in [the] hospital	그것 참 안됐군	That's too bad.
의사와 면답하다	see (or consult) a doctor	기침이 낫지않다.	I cannot get rid of the cough.

날씨	[the] weather	변덕스러운	changeable
기후	[the] climate	습기	humidity; moisture
일기예보	the weather forecast	온도	temperature
일기도	weather map (or chart)	(온도가)오르다(내리다)	rise (fall)
기압계	barometer	무더운	sultry
온도계	thermometer	지극히 더운	boiling hot
하늘의 모양	the look of the sky	불쾌지수	discomfort index
맑은 날씨	fine weather	가뭄	drought
비오는 날	rainy day	사계절	the four seasons
소나기를 만나다	be caught in a shower	계절의 변화	the change of seasons
적은 비	light rain	봄이 올것 같다	show signs of spring
폭우	heavy rain	벚꽃 피는 계절	the cherry-blossom season
청우(晴雨)에 관계없이	rain or shine	신록의 계절	the season of fresh verdure
비가 불규칙하게 온다	It rains on and off.	우기	the rainy season
뇌우	thunderstorm	삼복	dog days
번개	lightning	성하(盛夏)	in the height of summer
번개 치다	be struck (or hit) by lightning	가을이 올것 같다	become autumn like
대설	heavy snowfall	초가을	early autumn
눈보라	snowstorm	(늦가을의)봄날 같은 화창한 날씨	Indian summer
해일	hail	늦가을	late autumn
진눈깨비	sleet	청청한 가을	fine autumn
짙은 안개	dense fog	날씨	weather
(엷은)안개;	mist;haze	추분	the autumn equinox
아지랭이		따뜻한 겨울	mild winter
서리	frost	동 지	the winter solstice
얼다	freeze	혹심한 추위	severe cold
산들바람	breeze	추위를 견디다	keep off the cold
돌풍	gust	한파	cold wave
강풍	strong wind	이상건조	unusual dryness
폭풍(우)	storm		
험악한 날씨	stormy weather		
태풍	typhoon		
바람이 자다	The wind dies out.		
불순한 기후	unseasonable weather		

신선한 공기	fresh air	웅대한 광경	grand sight
오염된 공기	foul (or impure) air	전망이 좋다	command a fine view
햇빛	sunlight	～의 원경(遠景)	a distant view of～
청명한 하늘	clear sky		
우중충한 하늘	grey sky	강 건너편	across the river
저녁놀	evening glow	수평선	above the horizon
지는 해	the setting sun	위에(떨어져 위로)	
금성	the evening star		
무지개	rainbow	수평선	on the horizon
샘	spring	위로(접하여 위로)	
분수	fountain		
시내	brook;stream	그림과 같은	picturesque
상(하)류	the upper(lower) stream	이루 다 말할 수 없다	be beyond description
폭포	fall	붉은 잎	red leaves
해변	the beach	신록	fresh verdure
～의 어귀에서	at the mouth of～	초목	olants;plant life
～의 앞바다에	off the coast of～	벗꽃	cherry blossome
만	bay	만발하여	in full bloom
반도	peninsula	노변의 꽃들	roadside flowers
해협	channel;strait	새의 울음소리	the singing of a bird
화산	volcano		
해발	above sea level	벌레의 울음소리	the chirping of an insect
정상	the top(or summit)of a mountain		
		만(신)월	full (new) moon
		명월(明月)	bright moon
산기슭	the foot of a monuntain	희미한 달밤	misty moonlit night
깊은 산 속	the heart (or recesses) of a mountain	달빛 아래	in the moonlight
		밝은 봄 햇살에	in the bright spring sun
절벽	cliff	한국의 3景	the three famous views of Korea
골짜기	valley		
산악 지방	mountainous district	명승지	famous place
		고적	historic scene
산맥	mountain range	피서지	summer resort
산악 지대	mountain region	전원풍경	rural landscape
자연미	natural beauty	전원생활	rural (or country)life
아름다운 경치	scenic beauty		
아름다운 풍경	beautiful scenery		

여행·교통에 관한 중요어구

여행	traveling;travel; journey;trip;tour	화물열차	freight train(美); goods train(英)
항해	voyage	침대차	sleeping car;sleeper
관광여행	sightseeing tour (or trip)	식당차	dining-car;diner
친선여행	goodwill tour	전망차	observation car
수학여행	school excursion	기관차	locomotive
견학여행	field trip	매표소	ticket office(美); booking office (英)
해외여행	traveling abroad; overseas tour		
여행을 가다	go on a travel (or journey, trip); take(or make) a trip	개찰구	ticket gate(美); wicket(英)
		편도표	one-way ticket (美);single ticket (英)
세계 일주 여행을 하다	travel round the world;make a world tour		
		왕복표	round-trip ticket (美);return ticket (英)
관광객	tourist;sightseer		
육(해·공)로로	by land(sea, air)	통근열차	train for commuters
기차(배, 비행기)로	by train (ship, airplane)		
		열차를 타다(내리다)	take (get off) a train
공무로	on official business	제시간에 열차를 타다	be in time for the train;catch the train
사적인 일로	on private business		
		기차를 놓치다	miss the train
숙박하다	put up at;stay at	도중 하차하다	stop over at
호텔 예약	hotel reservations	한 역을 지나서 내리다	be carried one station beyond
여비	traveling expenses		
사증(査證)	visa	고속도로	expressway
여권	passport	유료도로	toll road
고가철도	elevated railroad	주차장	parking lot
지하철	subway(美);tube, underground(英)	교통지옥	traffic jam
		도로표시	road sign
보통열차	local train	교통신호	traffic signals
급행열차	express	교통법규	traffic rules
초특급	super express	횡단보도	crosswalk
부산신간선	the New Pusan Line	교차점	intersection
상(하)행 열차	up (down) train	보행자	pedestrian

학교·교육에 관한 중요어구

교육제도	educational system	시험에 합격(낙방)하다	pass (fail in) an examination
의무교육	compulsory education	입학하다	enter (or be admitted to) a school
직업교육	vocational education	진급하다	go up;be promoted
유치원	kindergarten	퇴학하다	leave school
국민학교	elementary school (美);primary school(英)	졸업하다	graduate (from)
중학교	junior high school	시업식(始業式)	opening ceremony
고등학교	senior high school	종업식(從業式)	closing cerermony
상업고등학교	commercial high school	졸업식	commencement (美);graduation ceremony(英)
공업고등학교	technical high school	졸업증서	diploma
농업고등학교	agricultural high school	졸업생	graduate
종합대학	university	학교생활	school life
단과대학	college	필수과목	required subject
초급대학	junior college	선택과목	elective(or optional) subject
대학원	graduate school	숙제	homework;assignment
교장	principal	예습하다	prepare one's lesson
교수	professor		
교사(校舍)	schoolhouse; school building	복습하다	review one's lesson
강당	auditorium	학기말고사	terminal exam
체육관	gymnasium;gym	중간고사	midterm exam
기숙사	dormitory	시험성적	the result of an exam
실험실	laboratory		
남녀공학	coeducation	성적이 좋다(나쁘다)	get good(bad) grades
입학시험	entrance examination	써클 활동	club activities
신체검사	physical examination	교양클럽	cultural club
		운동클럽	sports club
구두시험	oral examination	학교축제	school festival
입학원서를 신청하다	apply for admission (to)	체육대회(운동회)	sports festival
원서를 제출하다	send in an application	전공하다	major(in);specialize(in)
입학지원자	applicant for admission		

언어에 관한 중요어구

모국어	one' mother tongue;one's native language
외국어	foreign language
국제어	international language
일본어	Japanese;the Japanese language
영어	English;the English language
구어	the spoken language
문어	the written language
단어	word
숙어	idiom
동의어	synonym
반의어	antonym
문법	grammar
발음	pronunciation
발음하다	pronounce
철자	spelling
받아쓰기	dictation
암송	recitation
대화	dialog[ue]
회화	conversation
연설	(make) a speech
표현	expression
관용적 표현	an idiomatic expression
영한사전	English-Korean dictionary
한영사전	Korean-English dictionary
사전을 참고하다	consult a dictionary;look up~in a dictionary
방언	dialect
외국어의 악센트로	with a foreign accent
외국인	foreigner
실용영어	useful (or practical) English
실용성	practical value
교양적 가치	cultural value
세계를 보는 창	window through which to see the world
영문편지	English letter
영자신문	English newspaper
영어권 민족	English-speaking people
독해력	reading ability
문체	style
번역	translation
통역	interpret(for)
통역자를 통해서 말하다	speak through an interpreter
자기의 말을 남에게 이해시키다	make oneself understood
마음대로 쓸 수 있다	have a good command of~
유창하게 이야기하다	speak fluently
간신히 이야기하다	speak with difficulty
숙달하다	make progress in ~;become proficient in~
영어로 일기쓰다	keep a diary in English
이해하기가 쉽다 (어렵다)	easy(hard) to understand
암기하다	learn~by heart; memorize

책·독서에 관한 중요어구

신간서적	new book	초판	the first edition
고본(古本)	second-hand book	개정판	revised edition
백과사전	encyclopedia	절판되어	be out of print
전집	collected works	인쇄가 되어	be in print
문학	literature	발행부수가 많다	have a large circulation
소설	fiction ; novel		
논픽션	nonfiction	잘 팔리다	sell well
대중소설	popular novel	표지	cover
탐정소설	detective story	서문	preface
공상과학소설	science fiction	목차	[a table of] contents
시	poem ; poetry		
희곡	play ; drama	단락	paragraph
고전	classics	요지	summary
원서	original	도해	illustration
번역서	translation	색인	index
화집	picture book	부록	appendix
만화책	comic book	정가	fixed price
참고서	reference book	종이표지	paperback
교과서	textbook	장서	library
정기간행물	periodical	애독서	one's favorite book
잡지	magazine		
주간지	weekly [magazine]	다독하다	read extensively
		정독하다	read intensively
월간지	monthly [magazine]	닥치는 대로 읽다	read at random
계간지	quarterly	소리 내어 (조용히)읽다	read aloud (silently)
부인잡지	women's magazine		
		통독하다	read through
~의 5월호	the May issue of ~	탐독하다	devour ; read greedily
베스트 셀러	best seller	훑어보다	glance over
팜플렛	pamphlet	건너뛰며 읽다	skip
관보(官報)	official gazette	행간을 읽다	read between the lines
원고	manuscript		
기사	article	읽을 가치가 있다	be worth reading
사설	editorial		
저자	author	도서관을 이용하다	make use of a library
편집자	editor		
출판사	publisher	붉은 연필로 표하다	mark with a red pencil
발행소	publishing company		

문화·예술에 관한 중요어구

문화	culture	자유의 남용	abuse freedom
문명	civilization	인권	human rights; rights of man
문화적	cultural; cultured	예술	art
문화유산	cultural heritage	전통예술	traditional art
문화인	cultured man; a man of culture	동양미술	oriental art
문화국가	cultural (or cultured) nation	미술관	art museum
문화시설	cultural institution	미술전시회	art exhibition
문화의 교류	cultural exchange	예술가	artist
문명국	civilized country	예술적 기질이 있는 사람	a man of artistic nature
문화의 진보	the progress of civilization	예술적 가치	artistic value
문화수준이 높은 나라	a nation of high culture; a nation with a high level of culture	예술을 위한 예술	art for art's sake
문명이 퇴보하다	be backward in civilization	조형미술	formative art
문명이 진보하다	advance in civilization	예술을 감상하다	appreciate art
문명화되다	become civilized	화가	painter; artist
문명의 이기(利器)	modern conveniences	서양화	Western painting
문명의 산물	a product of civilization	한국화	Korean painting
자유	freedom; liberty	유화	oil painting
언어의 자유	freedom of speech	수채화	water-color painting
사상의 자유	freedom of thought	조각	sculpture
종교의 자유	freedom of religion	조각가	sculptor
출판의 자유	freedom of the press	건축가	architect
공포로부터의 자유	freedom from fear	음악가	musician
개인적 자유	one's personal freedom	음악회	concert
		독창	solo
		합창	chorus
		관현악단	orchestra
		가극	opera
		희극(비극)	comedy(tragedy)
		극장	theater
		무대	stage
		배우(여배우)	actor(actress)
		입장권	ticket
		합창하다	play in chorus
		상연하다	stage a play; put a play on the stage

과학·기술에 관한 중요어구

과학의 진보	the progress of science
과학시대	the scientific age
과학적 지식	scientific knowledge
과학적 연구	scientific research
과학기술	scientific technology
과학자	scientist
자연과학	natural science
근대과학	modern science
응용과학	applied science
자연현상	natural phenomenon
실험	experiment
관찰	observation
기술(記述)	description
설명	explanation
발명	invention
발견	discovery
만류인력의 법칙	the law of gravitation
자연의 법칙	a law of nature
일반법칙	general laws
천연자원	natural resources
공업화	industrialization
정밀기계	precision instruments
전자공학	electronics
전자계산기	electronic computer
인공두뇌	mechanical brain
자동기계	automation
원격조정	remote control
원자력	atomic energy
원자력의 평화적 이용	the peaceful use of atomic energy
원자력 발전소	nuclear power plant
방사능	radioactivity
핵실험	nuclear test
핵폭발	nuclear explosion
핵무기	nuclear weapon
원자폭탄	atomic bomb
수소폭탄	hydrogen bomb
원자력 잠수함	atomic-powered submarine
우주선	spaceship
우주여행	space travel
우주비행사	astronaut
우주를 유영하다	walk in space
우주과학	space science
우주과학자	space scientist
우주 로케트	space rocket
인공위성	artificial satellite
점화하다	ignite
발사하다	launch
통신위성	communication satellite
달나라로 여행하다	make a trip to the moon
우주시대	the space age
궤도에 진입하다	put in orbit
연(軟)착륙	soft landing
천문학자	astronomer
산업의 발달	the development of industry
일상생활에 과학을 응용하다	application of science to our daily life
기술혁명	techinical (or technological) innovation
수요와 공급	demand and supply
수요를 충족시키다	meet the demand of
수요가 있다	be in demand

도덕·감정에 관한 중요어구

도덕	morals	동정	sympathy
공중도덕	public morality	실망	disappointment
도덕관념	moral sense	애정	affection
책임감	a sense of responsibility	홍분	excitment
		기쁨	delight ; joy
신용	confidence	슬픔	sorrow ; grief
사회질서	social order	만족	satisfaction
양심	conscience	체념	resignation
정직	honesty	행복	happiness
부정직	dishonesty	불행	unhappiness ; misfortune
성실	sincerity		
순종	obedience	비참	misery
배반	betrayal	무자비함	cruelty
용기	courage	냉담	indifference ; apathy
동경	aspiration		
극기	self-control	감정을 표시하다	show one's feelings
상식	common sense		
명예	honor	기분이 좋아서 (나빠서)	be in good (bad) humor
신의를 존중하는 사람	a man of honor	안심하다	feel at ease
미덕	virtue	절망하여	in despair
악덕	vice	~로 몹시 슬퍼하다	be grieved at ~
면허	license		
인격자	a man of character	질투하다	envy
		자랑하다	pride oneself on ; take pride in
예절	manners		
나쁜 예법	bad manners	화내다	get angry (with a person, at a thing)
행동을 잘 취하다	behave well		
험담하다	speak ill of ~	실망하다	be disappointed (at a thing, in a person)
칭찬하다	speak well of ~		
약속을 지키다	keep one's promise		
		동정하다	sympathize with
신용하다	trust	홍분하다	get excited at
존경하다	respect	기쁘다	be glad ; be delighted ; rejoice
감정이 상하다	hurt (or injure) one's feelings		
		축하하다	congratulate a person on a thing
문란하다	be out of order		
~의 책임을 지다	be responsible for ~	무관심하다	be indifferent to

인간·인생에 관한 중요어구

성격;인격	character	신랑	bridegroom
개성	personality	결혼식	wedding
인간성	humanity;human nature	결혼하다	marry;get married to
인권	human rights	이혼	divorce
인격자	a man of character	인생관	one's view of life
분별력 있는 사람	a man of sense	세계관	one's view of the world
장점	merit; a strong point	인생의 밝은(어두운)면을 보다	look on the bright (dark) side of life
단점	fault; a weak point	높은 이상을 가지다	have lofty ideals
친절한	gentle;affable	이상을 추구하다	pursue one's ideals
성미가 급한	quick-tempered;irritable;impatient	목적을 달성하다	attain one's object
명랑한	gay;merry;light-hearted	인생의 목적	the aim of life
낙관주의	optimism	인생의 기복	ups and downs of life
낙관주의자	optimist	원칙을 고수하다	stick to one's principles
낙관적인	optimistic	관점이 달라지다	change one's point of view
비관주의	pessimism	편견이 없는	be free from prejudice
비관주의자	pessimist		
비관적인	pessimistic	상호이해	a mutual understanding
태어나다	be born		
어린시절	childhood	인간관계	human relationship
소년시절	boyhood		
소녀시절	girlhood	출세하다	rise in the world
청년기	youth	고난을 극복하다	overcome difficulties
성년기	manhood		
노년기	age	앞길을 개척하다	open up one's way
성년에 이르다	come of age		
십대이다	be in one's teens	역경에 처하다	fall into adversity
젊은 세대	the younger generation	재능을 발휘하다	display one's ability
늙은 세대	the older generation		
약혼	engagement	근근히 살아가다	live from hand to mouth
결혼신청하다	proposal		
중매인	go-between	안락한 생활을 영위하다	live an easy life
신부	birde		

정치	politics; government	자본	capital
정부	the government	자본주의	capitalism
내각	the cabinet	사회주의	socialism
민주주의	democracy	공산주의	communism
정치가	statesman; politician	노동문제	labor problems
국회	the Diet	임금이 오르다	raise wages
하원	the House of Representatives; the Lower House	파업하다	go on a strike
		생산	production
		생산품	product
상원	the House of Councillors; the Upper House	대량생산	mass production
		소비	consumption
		원료	raw materials
총선거	the general election	천연자원	natural resources
		인구	population
해산하다	dissolve	과잉인구	overpopulation
대의원	a member of the Diet; a representative to the Diet	수요와 공급	demand and supply
		수요를 조달하다	supply (or meet) the demand
선거하다	elect	수요가 있다	be in demand
투표하다	vote for	공급부족	a short supply
투표로 정하다	decide by vote	외국무역	foreign trade
투표하러 가다	go to the polls	수출(수입)	export(import)
수상	the Premier; the Prime Minister	물가	prices
		물가가 오르다 (내리다)	Prices rise(fall)
장관	minister	물가가 높다(낮다)	Prices are high (low)
내각을 구성하다	form the cabinet		
정권을 잡다	be in power	호경기	good times
정권을 잃다	be out of power	불경기	bad times; depression
경제	economics		
경제문제	economic problems	지출	expenditure
		수입	income
경제의	economic	비용을 절감하다	cut down expenses
경제적인	economical		
재정	finance	수입 이상의 생활을 하다	live beyond one's income
산업	industry	인플레이션	inflation
산업이 발달하다	develop industry	디플레이션	deflation
대기업	big enterprises		

── 사고·재해에 관한 중요어구 ──

교통사고	traffic accident	해일, 밀물	tidal wave
열차사고	railroad accident	가뭄	drought
충돌하다	collide with	번개	a streak of lightning
전복하다	be overturned		
탈선하다	be derailed	지진	earthquake
불통되다	be interrupted	지진계	seismograph
난파하다	be wrecked	진원지	epicenter
추락하다	crash	6.5의 진도	a magnitude of 6.5(on the Richter scale)
(차에)치이다	be run over		
맞다	be hit		
사상자	casualties	지진예보	earthquake prediction
(화재가) 일어나다	break out		
		여진(餘震)	aftershock
작은 화재	small fire	강진(強震)	strong earthquake
불이 나다	be on fire	미진(微震)	slight tremor
불이 붙다	catch fire	피해	damage
~로 불이 번지다	the fire spreads to ~	폭발	explosion
		낙반(落盤)	cave-in
전소되다	be burnt completely	눈사태	avalanche
		산채로 묻히다	be buried alive
반만 타다	be burnt partially	행방불명자	the missing
재로 변하다	be reduced to ashes	재해	disaster
		천재	natural disaster
진화하다	be put out;be extinguished	공해	pollution
		자연을 파괴하다	destroy nature
소방차	fire engine	오염되다	pollute
불에 타서 죽다	be burnt to death	대기오염	air pollution
소방수	fireman	환경오염	environmental pollution
증대	rise;swell		
홍수	flood	스모그	smog
침수하다	be under water;be flooded	광화학 스모그	photochemical smog
유출하다	be washed away	차의 경적소리	traffic noise
강이 범람하다	The river overflows its banks	가스가 새다	gas leaks
		구급차	ambulance
수해지	flooded area	응급조치	first aid
밀물	flood tide	소화기	fire extinguisher
피해자	sufferer	화재경보기	fire alarm signal
산사태	landslide		

1. A little learning is a dangerous thing. 아는 것이 병이다.

2. Do to others as you would be done by.

   대접받고 싶은대로 남에게 하라

   → 가는 말이 고와야 오는 말이 곱다.

3. Everything comes to him who waits.

   기다리는 자에게 복이 온다.

4. I never rains but it pours. 엎친 데 덮친 격이다—설상가상

5. Out of sight, out of mind. 떠난 사람은 마음에서도 떠난다.

6. The more you have, the more you want. 욕심은 끝이 없다.

7. Time flies. 세월이 유수와 같다.

8. Two heads are better than one. 백지장도 맞들면 낫다.

9. Where there's a will, there's a way.

   뜻이 있는 곳에 길이 있다.

10. A burnt child dreads the fire.

    자라보고 놀란 가슴 솥뚜껑보고 놀란다.

11. Easier said than done. 말보다 행동이 어렵다.

12. Look before you leap. 돌다리도 두드려보고 건너라.

13. More haste, less speed. 급할 수록 돌아가라.

14. Nothing venture, nothing have. 산에 가야 호랑이를 잡는다.

15. Seeing is believing. 보는 것이 믿는 것이다. → 백문이불여일견

16. When in Rome do as the Romans do.

로마에서는 로마인처럼 행동하라.

17. Honesty is the best policy. 정직이 최선의 정책이다.

18. Spare the rod and spoil the child.

매를 아끼면 아이를 버린다. → 예쁜 아이 매 하나 더준다

19. Hunger is the best sauce. 시장이 반찬이다.

20. It is no use crying over spilt milk.

엎지른 물은 다시 담을 수 없다.

21. The proof of the pudding is in the eating. 말보다 증거

22. Too many cooks spoil the broth.

사공이 많으면 배가 산으로 간다.

23. A bird in the hand is woth two in the bush.

남의 돈 천냥보다 내 돈 한냥이 더 낫다.

24. Don't count your chickens before they are hatched.

독장수 셈하지 마라.

25. The early bird catches the worm.

일찍 일어나는 새가 벌레를 잡는다.

INDEX

⟨B⟩

⟨C⟩

in consequence of	996
in consideration of	997
in course of	998
in danger of	622
in defense of	999
in defiance of	1000
in demand	282
in detail	1248
in due course/time	1094
in earnest	1095
in effect	1096
in excess	694
in excess of	1001
in exchange for	1002
in fact	1249
in fashion	624
in favo(u)r of	1003
in force	220
in front of	1004
in general	626
in good health	284
in good humour	285
in good times	628
in hand	181
in haste	1097
in high spirits	630
in hono(u)r of	1005
in itself	1098
in jest	495
in joke	494
in low spirits	631
in memory of	1006
in moderation	695
in need of	1007
in no way	1099
in obedience to	1008
in one's absence	632
in one's best	183
in one's company	496
in one's face	253
in one's life	286
in one's opinion	1250
in one's place	1100
in one's presence	633
in one's senses	634
in one's turn	1251
in one's way	288
in order	675
in other words	1252
in part	1253
in particular	627
in person	1254
in place of	1009
in possession of	1010
in practice	1101
in preference to	1011
in private	636
in proportion as	359
in proportion to	1012
in public	637
in pursuit of	1013
in reality	1102
in regard of/to	377
in relation to	1014
in response to	1015
in return for/to	1016
in search of	1017
in short	1255
in sight	677
in spite of	498
in store for	1018
in terms of	1363
in the absence of	639
in the act of —ing	1256
in the air	313
in the cause of	1019
in the course of	1020
in the dark	1257
in the daytime	569
in the direction of	1021
in the distance	174
in the end	388
in the event of	493
in the face of	253/1022
in the first place	452
in (the) future	1258
in the habit of —ing	1023
in the light of	1024
in the long run	1259
in the making	1260
in the matter of	1261
in the name of	1025
in the presence of	638
in the right	640
in the shade	642
in the sun	643
in the teeth of	1026
in the thick of	1027
in the way	317
in the way of	289
in the world	259
in the wrong	641
in these days	290
in those days	291
in time	292
in token of	1028
in touch with	1029
in trouble	1262
in tune with	644
in vain	1263
in view of	1030
in virtue of	428
in want of	1007
indulge in	501
indulge oneself in	502
inform A of B	782
inquire into	295
inquire of	294
insist on	783
instead of	1031
intend A for B	784